湖南省教育厅社科项目（项目编号：20B356）和
湖南省社科基金项目（项目编号：19JD47）成果

跨国企业海外投资的主体行为政治风险研究

何金花　著

武汉大学出版社

图书在版编目(CIP)数据

跨国企业海外投资的主体行为政治风险研究/何金花著.—武汉：武汉大学出版社,2021.6
ISBN 978-7-307-22057-7

Ⅰ.跨… Ⅱ.何… Ⅲ.跨国公司—海外投资—风险管理—研究—中国 Ⅳ.F279.247

中国版本图书馆 CIP 数据核字(2020)第 272905 号

责任编辑:唐 伟　　责任校对:李孟潇　　版式设计:马 佳

出版发行：武汉大学出版社　(430072　武昌　珞珈山)
（电子邮箱：cbs22@whu.edu.cn　网址：www.wdp.com.cn）
印刷：广东虎彩云印刷有限公司
开本:720×1000　1/16　印张:8　字数:130 千字　插页:1
版次:2021 年 6 月第 1 版　　2021 年 6 月第 1 次印刷
ISBN 978-7-307-22057-7　　定价:29.00 元

版权所有，不得翻印;凡购我社的图书，如有质量问题，请与当地图书销售部门联系调换。

前　言

近年来，我国企业海外投资因多方利益相关者的政治干预行为而折戟于东道国市场的案例屡见不鲜，由多方利益相关者行为引致的主体行为政治风险成为中国企业"走出去"过程中面临的重要挑战之一。但现有相关研究大多是从可观测的政治制度和社会经济环境等视角对我国企业海外投资宏观共性政治风险的基本面（包括来源、类型等）进行分析，对于主体行为政治风险的研究远没有宏观共性政治风险丰富，且现有理论并不能解释政治风险的本质，也不能演绎政治风险对海外投资的影响机制。因此，本研究主要聚焦于解决已有相关研究的不足。首先，在现有相关研究的核心思想的基础上，对海外投资主体行为政治风险的内涵进行了详细的界定。然后，本研究结合利益相关者理论、合法性理论及制度理论，剖析了海外投资主体行为政治风险的形成、演化及企业对其的战略性响应等一系列问题。本研究不仅进一步拓展了海外投资政治风险领域的相关研究，且对"全球化"战略及"一带一路"倡议背景下的"走出去"企业重新洞察海外投资政治风险具有重要实践意义，具体研究内容与结论如下：

首先，在对主体行为政治风险概念进行剖析的基础上，进一步从利益相关者行为视角探讨了主体行为政治风险的形成与表现形式。研究结论表明，跨国企业海外投资主体行为政治风险的形成是各利益相关者行为共同作用的结果，且利益相关者行为视角下跨国企业海外投资主体行为政治风险主要有三种类型：第三方的政治势力干预、东道国政治利益集团的干预及针对投资的不确定性政治事件风险。

其次，本研究引入"合法性"变量探讨了海外投资主体行为政治风险的动态演化过程。研究结果表明，合法性视角下跨国企业海外投资主体行为政治风险的演化经历了三个阶段：利益相关者对海外投资的非理性负面态度的形成、利益相关者针对海外投资的非理性政治对抗事件及行为的扩散、利益相关者针对海外投资的政治对抗事件及行为的平息。

最后，基于第3章和第4章的内容，本研究从企业层面探讨了企业对主体行为政治风险的战略性响应策略。研究结论表明，投资企业可以利用遵从、联盟等顺应预防策略来应对第三方的政治势力干预风险；利用信息战略、培养代理人、寻求"保护伞"、政绩刺激等调适疏导策略来应对东道国的政治势力干预风险；通过CSR战略、公众/媒体战略等能动吸收策略来应对针对投资的不确定性政治事件风险。

本研究的理论贡献主要有三个方面：第一，将利益相关者行为引致的政治风险纳入了海外投资政治风险的研究框架。第二，从合法性视角打开了跨国企业海外投资主体行为政治风险的动态演化过程黑箱，构建了合法性视角下跨国企业海外投资主体行为政治风险演化的过程模型。第三，从企业层面剖析了企业对主体行为政治风险的具体控制策略，还进一步深化了投资企业应对主体行为政治风险的响应机制。

同时，本书的研究结论对我国企业海外投资实践具有重要启示意义：第一，对中国企业海外投资政治风险的研究有利于帮助中国企业加强对海外投资特征的认知，从而管理因海外投资政治敏感性而引发的由特定利益相关者行为引致的政治风险。第二，本研究结论提供的中国企业海外投资政治风险的演化过程模型，有助于帮助投资方掌握海外投资政治风险的动态演化过程，从而帮助投资方更清楚地理解政治风险在不同阶段的风险源及风险特征。第三，本研究关于海外投资政治风险应对策略相关的研究结论可以更好地指导我国企业在面临不同的政治风险时应该采取不同的应对策略。

本书写作得到了博士生导师田志龙教授的指导与关心，在此表示衷心的感谢。同时，本书的研究工作得到了湖南省教育厅社科项目(项目编号：20B356)和湖南省社科基金项目(项目编号：19JD47)的资助。

由于作者水平有限，书中难免存在缺点和不足，恳请广大读者和同行批评指正，不胜感激。

目　　录

第1章　绪论 ………………………………………………………………… 1
  1.1　研究背景 ……………………………………………………………… 1
  1.2　研究意义 ……………………………………………………………… 8
  1.3　主体行为政治风险概念的界定 ……………………………………… 8

第2章　文献综述与理论基础 ……………………………………………… 10
  2.1　政治风险的相关理论 ………………………………………………… 10
  2.2　政治风险与海外投资关系的研究 …………………………………… 15
  2.3　海外投资政治风险的管理 …………………………………………… 18
  2.4　利益相关者行为与海外投资政治风险：拓展性思考 ……………… 25
  2.5　本章小结 ……………………………………………………………… 26

第3章　海外投资主体行为政治风险的形成 ……………………………… 27
  3.1　本章研究问题 ………………………………………………………… 27
  3.2　理论基础与分析框架 ………………………………………………… 28
  3.3　研究设计 ……………………………………………………………… 31
  3.4　案例发现 ……………………………………………………………… 38
  3.5　研究结论与讨论 ……………………………………………………… 47
  3.6　本章小结 ……………………………………………………………… 52

第4章　海外投资主体行为政治风险的演化 ……………………………… 53
  4.1　本章研究问题 ………………………………………………………… 53

4.2 理论基础与分析框架 …………………………………………… 54
4.3 研究设计 ………………………………………………………… 58
4.4 案例发现 ………………………………………………………… 63
4.5 研究讨论与结论 ………………………………………………… 70
4.6 本章小结 ………………………………………………………… 75

第5章 海外投资主体行为政治风险的控制 …………………………… 76
5.1 本章研究问题 …………………………………………………… 76
5.2 理论基础与分析框架 …………………………………………… 77
5.3 研究设计 ………………………………………………………… 81
5.4 案例发现 ………………………………………………………… 86
5.5 研究讨论与结论 ………………………………………………… 93

第6章 研究结论与展望 …………………………………………………… 97
6.1 主要结论 ………………………………………………………… 97
6.2 理论贡献 ………………………………………………………… 100
6.3 实践启示 ………………………………………………………… 102
6.4 未来研究展望 …………………………………………………… 103

参考文献 ……………………………………………………………… 105

第1章　绪　　论

1.1　研究背景

1.1.1　现实背景

近年来，我国企业海外投资的规模、范围、数量都在逐渐增大，但因为政治风险防范不足而折戟于东道国市场的案例也屡见不鲜。显然，政治风险已成为我国企业海外投资的重要挑战，尤其是多方利益相关者行为引致的政治风险。下面将从"我国对外投资的趋势"及"政治风险对我国企业海外投资影响"的现实背景进行分析，以阐明开展对海外投资政治风险研究的必要性。

(1) 我国对外投资的趋势分析。

从国内环境来看，近年来，在国家相关政策的推动下，我国企业在海外的投资不断扩大和递增。据商务部与外汇局统计，2019年，中国对外直接投资净额为1369.1亿美元。中国2.75万家境内投资者在国外共设立境外企业4.4万家，分布在全球188个国家，年末境外企业资产总额7.2万亿美元。① 2002年到2019年中国对外投资流量实现了近15年的连续增长（2002—2019年对外资投资流量情况见图1-1）。尤其是在"一带一路"（One Belt & Road，OBOR）倡议的推进下，我国企业在"一带一路"沿线国家的投资飞速增加。图1-2是对2007—2019年我国企业在"一带一路"沿线国家1亿美元以上的投资的趋势汇总。

从国际环境来看，全球对外投资相关数据显示，我国近年来对外投资流量在国际上的地位也居高不下。《2020世界投资报告》相关数据显示，2019年中国对

---

① 资料来源：《2020年中国对外直接投资统计公报》。

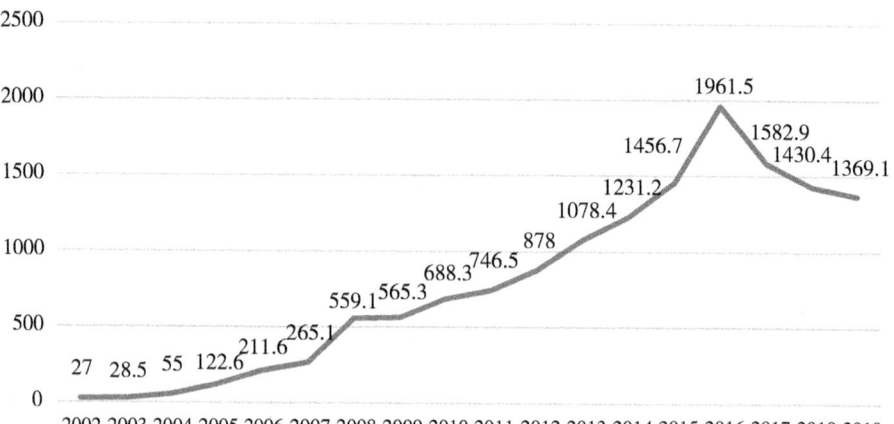

图 1-1 2002—2019 年中国对外直接投资流量情况(单位：亿美元)

资料来源：作者根据《中国对外直接投资统计公报》自制。

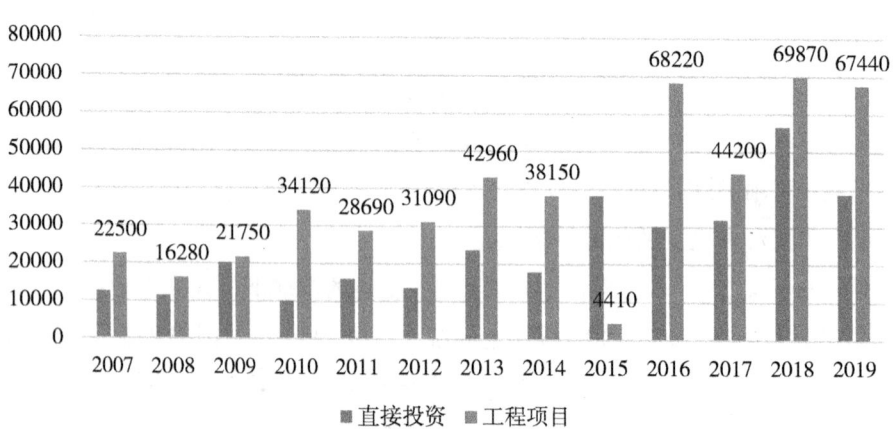

图 1-2 2007—2019 年我国企业在"一带一路"沿线国家的对外投资趋势(单位：百万美元)

资料来源：根据 China Global Investment Tracker 数据库整理。

外直接投资的流量占全球 10.4%，位列全球国家(地区)排名的第 2 位，仅次于日本(2266.5 亿美元)。2019 年中国对外直接投资的存量占全球 6.4%，位列全球国家(地区)排名的第 3 位，仅次于美国(7.7 万亿美元)、荷兰(2.6 万亿美元)。《对外直接投资统计制度》各年份的统计结果见表 1-1。

1.1 研究背景

表1-1 中国颁布《对外直接投资统计制度》以来各年份的统计结果

(单位：亿美元)

年份	流量		存量	
	金额	全球位次	金额	全球位次
2002	27	26	299	25
2003	28.5	21	332	25
2004	55	20	448	27
2005	122.6	17	572	24
2006	211.6	13	906.3	23
2007	265.1	17	1179.1	22
2008	559.1	12	1839.7	18
2009	565.3	5	2457.5	16
2010	688.1	5	3172.1	17
2011	746.5	6	4247.8	13
2012	878	3	5319.4	13
2013	1078.4	3	6604.8	11
2014	1231.2	3	8826.4	8
2015	1456.7	2	10978.6	8
2016	1961.5	2	13573.9	6
2017	1582.9	3	18090.4	2
2018	1430.4	2	19822.7	3
2019	1369.1	2	21988.8	3

注：(1)2002—2005年数据为中国对外非金融类直接投资数据，2006—2019年为全行业对外直接投资数据；

(2)2006年同比为非金融类直接投资比值。

(2)东道国政治风险对我国对外投资的影响。

然而，在我国企业庞大的对外投资数据背后并不是风光无限，东道国政治风险逐渐成为我国企业对外投资在东道国市场生存和发展的"拦路虎"。近年来，我国一些普遍被看好的海外投资屡屡折戟于东道国市场。通过整理美国企业研所和传统基金会公布的 China Global Investment Tracker 数据库中的相关数据可知，我国企业于 2007 年至 2019 年 12 年间发生在"一带一路"沿线国家的对外投资风险案例就达到了 88 起，金额累计达到 949.1 亿美元，主要行业集中在能源及资源行业。其中，因为政治风险的防范不足而折戟于东道国的海外投资案例更不在少数。根据 CCG[①]的相关数据统计，在 2005 年至 2018 年上半年的中国对外投资的失败案例项目中，25%的投资项目是由于东道国政治环境的不稳定性造成失败的，且其中又有 17%是由于项目所在国的政治环境不稳定以及领导人频繁更换造成的，另外的 8%则是由于项目所在国及地区的政府部门相互竞争造成的。具体案例项目如 2005 年因美国国会议员以国家安全受威胁等理由强力阻挠而失败的中海油收购优尼科石油公司项目[②]；在 2010 年至 2015 年期间，经历了停工、复工、再停工、再复工窘境的中国企业在缅甸投资的莱比塘铜矿项目[③]等。显然，东道国的政治风险成为中国企业"走出去"过程中不可忽略的挑战。

事实上，中国跨国企业海外投资的政治风险主要来源于两个方面。一方面是宏观共性风险。这类政治风险主要是指影响所有海外投资的既有的并在短期内不会显著改变的风险，如政府接管、政府层面的限制性政策、战争与革命等（Alon & Herbert，2009；Agarwal & Feils，2007；何金花和田志龙，2018）。另一方面，中国跨国企业的海外投资面临着由某些利益相关者的特定行为引致的主体行为政治风险。这种现象发生的原因一方面是中国企业的海外投资主体大多是国企或央企（Yeung & Liu，2008；Morck et al.，2008；王旋子，2013），而中国国企的海外投资往往更容易被西方国家视为中国政府战略目标的载体（Busse & Hefeker，2007）。因此，为了遏制中国的发展、维护在东道国的既得利益，以美国为首的西方国家往往会采取针对中国企业海外投资的各种政治及经济反制行动，其目的是获取对中国讨价还价的筹码和不对称竞争优势。由此一来，中国企业海外投资将面临较高的敌意政治风险（保健云，2017）。另一方面，在"一带一路"倡议背

---

① CCG（Center for China and Globalization）：中国与全球化智库，中国领先的国际化社会智库。

② 资料来源：中国新闻网：http://www.chinanews.com/news/2005/2005-07-06/26/595571.shtml。

③ 资料来源：环球网：http://military.china.com/important/11132797/20150625/19897693_1.html。

景下，中国企业海外投资的经济议题在其他大国看来可能就更具有政治战略含义（马亚华和冯春萍，2014），由此更易导致第三方国家对中国企业的海外投资采取特定的抵制行为，进而使中国企业的这些海外投资面临更高的由多方利益相关者行为引致的政治风险。因此，展开对多方利益相关者行为引致的主体行为政治风险的研究对中国企业"走出去"具有重要的现实意义。

1.1.2 理论背景

通过系统地梳理现有关于海外投资政治风险的研究可以发现，现有关于海外投资政治风险的研究主要集中在海外投资政治风险因素、海外投资政治风险类型、政治风险与海外投资关系、政治风险管理四个方面。事实上，政治风险的研究可以追溯至20世纪50年代末。冷战时期，来自以美国为首的西方发达国家的一些企业将大量的资本输出至中国等发展中国家，但这些发展中国家在摆脱了发达国家的殖民统治之后，希望争取经济上的独立。因此，这些发展中国家试图从政治上对发达国家的资本输出进行干预以达到取消发达国家特权的目的。其中，这些发展中国家政治干预发达国家资本的手段包括没收、国有化、征用、外汇管制、进口限制、现金返回等。随着全球化及国际资本流动的增加，海外投资政治风险的研究也逐渐受到了学术界的广泛关注（Desbordes & Vicard，2009；Javorcik & Wei，2009；Khattab et al.，2007）。以下将分别概括学者们在海外投资政治风险领域四个方面取得的研究成果。

（1）海外投资政治风险因素的分析。

现有相关研究主要从国际环境、东道国社会环境方面分析了海外投资的政治风险因素。国际环境因素如政治关系的恶化、国际经济制裁等（Howell，2002）。东道国环境因素如政治制度和政府治理、东道国政府或社会组织对经济的干预（Henisz，2000）、东道国宗教主义及民族主义（Kesternich & Schnitzer，2010）、宗教文化及经济风险等都可能是政治风险产生的原因。Agarwal & Feils（2007）甚至认为当东道国的腐败超过一定的容忍度，也会对政治系统的稳定性产生风险。此外，还有部分学者指出投资方国籍、投资规模大小、工期长短、资金来源、合同条件、项目脆弱性等企业及投资项目特征也是海外投资政治风险的主要来源（Deng et al.，2014）。

(2)海外投资政治风险类型的研究。

目前学者对海外投资政治风险的分类研究存在大量交叉解释(López-Duarte & Vidal-Suárez, 2010),但总体而言,海外投资政治风险的类型可以归纳为两类。一是表现为征收、政府层面的限制性政策等东道国政府干预行为引发的政治风险(Kesternich & Schnitzer, 2010)。二是表现为战争破坏、民众罢工破坏及恐怖主义等由外界各利益相关者通过政治事件及活动强加于投资的政治风险。同时,相关研究认为第三国干预、各国内部利益集团和 NGO 的政治参与等行为引致的政治风险正日益成为影响海外投资的主流(John & Lawton, 2018)。

(3)政治风险与海外投资关系的研究。

目前学术界关于政治风险与海外投资关系的研究存在两个相悖的观点:部分研究认为政治风险会负面影响企业的海外投资(Busse&Hefeker, 2007),如 Li(2005)通过大样本检验研究发现,不确定性的政治事件会给投资经营活动造成很大程度的损失。另一类相关研究发现政治风险并不是对外投资的决定因素(Li & Resnick, 2003;Bevan & Estrin, 2004)。如 Wheeler & Mody(1992)和 Asiedu(2002)研究发现,政治风险对投资活动并不存在实质性影响;Li & Resnick(2003)研究也发现,相比于政治持久性来说,政治不稳定性并不会对海外投资产生影响;类似的,Bevan & Estrin(2004)研究也得出了同样的结论,即东道国的政治风险对海外投资活动并不起显著的作用。更进一步,有部分研究发现,即使有些国家的制度建设并不是很完善,但它的制度环境与中国政治制度环境比较接近或相似。在这种情境下,中国企业也宁愿承担更大的政治风险,将大量资本投向与中国制度环境接近的国家与地区(Yeung & Liu, 2008;Kolstad & Wiig, 2009)。其原因之一是,中国企业的海外投资的目的涵盖了保障资源安全及在某种程度上获取战略资源。而某些资源丰富的国家或地区的制度体系往往比较不完善,但为了达到获取战略资源的目的,即使要承担更高的风险与损失,中国企业也不得不将资本投向海外某些制度不完善但资源相对丰富的国家与地区 (Morck et al., 2008)。

(4)政治风险管理的研究。

国内外大量学者在海外投资政治风险管理领域的研究已经取得了丰富的成果,他们主要从国家宏观层面、企业层面对海外投资政治风险的管理进行了研究。基于国家宏观层面的相关研究认为东道国与母国之间的良好关系可以改善海外投资企业的外部制度环境，从而降低海外投资的政治风险。例如，东道国与母国之间的文化距离、双边关系等可以调节政治风险与海外投资的关系（Quer et al.，2012；López-Duarte et al.，2013）。企业层面的相关研究认为企业可以通过企业能力及资源来缓解政治风险，例如，组合投资可以帮助投资企业通过分散投资来缓解其在不同国家面临的政治风险（Buttler & Joaquin，1998）。

基于上述对海外投资政治风险相关研究的梳理发现，虽然现有关于海外投资政治风险的研究取得了丰富的成果，但仍然存在以下四个方面的不足：第一，现有相关研究侧重从可观测的宏观政治制度环境和社会经济环境等共性视角来研究政治风险的基本面（包括来源、类型等）。且这些关于政治风险基本面的研究是相对割裂的，并不能清楚地解释政治风险的形成机制及演化过程。也就是说，现有研究对"海外投资过程中政治风险是如何形成及演化的"这一问题的分析不足。第二，以上相关研究侧重探究特定政治风险因素对海外投资存在的影响，对于回答政治风险"如何"影响海外投资这一问题无能为力。第三，现有关于海外投资政治风险的研究集中在对客观因素对宏观共性政治风险影响的研究，缺乏对行为主体的关注，尤其是缺乏对来自东道国-母国-第三方国家的利益相关者的关注。第四，现有关于海外投资政治风险管理的研究主要集中在国家及行业等宏观层面。虽然有少数学者关注了企业应对政治风险的策略及方法，但他们的研究结论强调企业对制度环境的屈从，且弱化了企业在制度环境中的能动性。同时，现有研究较少关注企业应对海外投资政治风险的具体策略。

1.1.3 问题的提出

基于以上我国企业对外投资及东道国政治风险对海外投资影响的现实背景及现有相关研究的分析，本书提炼了主要的研究框架、问题和思路：基于利益相关者行为视角，考察海外投资的主体行为政治风险。本书认为在对主体行为政治风险形成及演化缺乏认识的前提下探讨政治风险的控制，无异于缘木求鱼。因此，在逻辑上应该先侧重考察政治风险的形成及动态演化过程，进而再探讨政治风险的管理与控制，具体思路及内容如下：第一，明确海外投资政治风险的形成、主要表现形式；第二，探讨海外投资主体行为政治风险的动态演化过程及演化路径；第三，在清楚中国企业海外投资政治风险及演化过程的基础上，探讨企业应对海外投资主体行为政治风险的策略与机制。

1.2 研究意义

(1) 理论意义：进一步推进海外投资政治风险领域的研究。

第一，基于利益相关者理论，从多方利益相关者行为视角探讨海外投资的主体行为政治风险的内涵，构建海外投资主体行为政治风险形成的概念模型。

第二，结合制度理论，进一步搞清主体行为政治风险对企业的影响机制，并考察海外投资主体行为政治风险的作用边界。这不仅是海外投资政治风险领域相关研究进行探索的一次有益尝试，也为推进海外投资政治风险领域的研究提供了新的方向。

(2) 实践价值：提高海外投资企业应对主体行为政治风险挑战的能力。

目前相关研究结论只能给海外投资企业提供一些规范性的告诫，而无法提供具有实践操作性的指导。因此，本项目的相关研究将弥补这些不足，为跨国企业在"走进去""走上去""走进去"的过程中管理和应对主体行为政治风险提供实践性的指导。

1.3 主体行为政治风险概念的界定

本书所指的海外投资主体行为政治风险是指在海外投资的政治环境中，由多方行为主体的"作为"或"不作为"引致的且会对海外投资产生直接或间接影响的社会政治性事件、进程或特征等。

"政治风险"这一概念首次被提出是在20世纪60年代末。直至80年代，学术界对政治风险的研究出现了高潮。后来，大量学者(尤其是国际商务领域的相关学者)在政治风险相关领域进行了丰富的探讨。但由于学者们主要立足于其所研究的问题去理解政治风险，所以目前关于政治风险的定义还没有统一的定论。早期相关学者主要从不确定性视角来定义政治风险，他们强调政府的干预行为是影响政治风险的重要因素 (Butler & Joaquin, 1998)。如 Robock(1971)认为政治风险是指在国内或国外能够引起国际商业经营活动的利润潜力和资产损失的政治事件发生的可能性；Simon（1982）则指出政治风险是投资企业在东道国或投资地区的经济活动遭遇的来自东道国政府及其他社会组织的影响或干预引致的不确定性损失；Jakobsen（2010）认为政治风险是存在于政治、社会和经济环境中且会对企业的经济活动造成负面影响的各种不确定性。

同时，也有部分学者从事件的视角定义政治风险。如 Howell（2002）认为政治风险是影响商业环境并带来损失的政治决策、政治事件或不确定性社会事件；Nawaz 和 Hood（2005）与 Zarkada-Fraser 和 Fraser（2002）认为仅强调政治干预的政治风险过于狭隘，政治风险主要来自某些政治和社会不确定性事件。Kesternich 和 Schnitzer（2010）总结了政治风险的三种制度表现形式：征收（outright expropriation）或国有化（nationalization）、渐进式的征收（creeping expropriation）、没收性的税收（confiscatory taxation）。

透过以上相关学者对政治风险内涵的理解可以发现，不管是基于事件视角还是不确定性视角，学者们往往更强调政治环境对政治风险的影响。因此，近年来越来越多的学者指出政治风险主要源于复杂且多层次结构组成的不确定性政治环境中的多方行为主体的政治行为（De Villa et al.，2015；John & Lawton，2018）。他们强调影响特定商业活动或具有某些特定特征的行为引致的政治风险。相关学者也指出政治风险主要是各行为主体一些主观"作为"和"无作为"行为带来的后果（John & Lawton，2018）。虽然目前学术界对政治风险定义的探讨还没有统一的界定，但总体上认为，政治风险的关键要素包括以下三个方面：经营环境中政策的不连续性；这种不连续难以预测且会影响企业经营；来自于政府及其他政治实体及行为主体的政治压力（Jakobsen，2010）。

基于以上分析，为了避免定义过分宽泛，本书将主体行为政治风险看成一个相对狭隘的概念，认为主体行为海外投资政治风险主要是指各行为主体在海外投资的政治环境中的"作为"或"不作为"引致的且会对海外投资产生直接或间接影响的社会政治性事件、进程或特征等。这种政治环境主要是指多方利益集团形成的一种复杂的多层次结构系统，如企业与东道国政府关系（企业-国家）；企业与贸易协会、工会和东道国利益集团的关系（企业-行业）；东道国与母国的政治历史（国家-国家）；母国和东道国的关系、国家间投资协议（国际-国家）等（De Villa et al.，2015；John & Lawton，2018）。

第 2 章　文献综述与理论基础

本章的主要内容是对海外投资政治风险因素、政治风险类型、政治风险与海外投资关系、海外投资政治风险管理的研究现状进行梳理，并对利益相关者行为与政治风险的关系进行了思考分析。

2.1　政治风险的相关理论

现有关于政治风险的相关研究主要集中在政治风险因素、政治风险类型、政治风险管控等方面，具体见以下分析。

2.1.1　政治风险因素分析

从现有相关文献来看，大部分学者主要从国际环境、东道国政治环境、行业及企业环境三个方面分析了政治风险的影响因素。以下将分别从国际环境、东道国环境、行业环境分别进行阐述。

(1) 国际环境的影响因素。

与国内投资不同，海外投资活动主要发生在东道国及其他地区。在这过程中，母国与东道国的关系、母国与第三方国家的关系、东道国与第三方国家的关系及母国-东道国-第三方国家三方关系组成的宏观政治经济环境对投资企业在海外的投资经营活动往往会产生很重要的影响。

具体来说，影响政治风险的国际环境因素主要包括以下三个方面。第一，母国与东道国的关系。母国与东道国的关系不仅包括双方政府之间的关系，还包括双方的官方及民间的经济贸易往来、国家层面的战略规划、双方国家对对方相关贸易规制、国家对经济宏观调控的手段与程度等。比如说，东道国和母国之间良好的双边政治关系可以促进外国资本的流入、双方友好的外交活动可以克服投资地区制度不完善对海外投资的负面影响(张建红和姜建刚，2012)。相关学者的研究更是证实了这一观点，如 Li 和 Liang（2012）基于企业层面的调查数据研究结果显示，中国的海外投资倾向流向与中国政治关系较好的国家。同时，为了利用外国资本促进本国经济的发展，东道国政府会通过国家间特有的双边联系因素来保障外国资本在东道国的公平和优惠待遇，从法律层面对外国资本提供鼓励和保护（Desbordes & Vicard，2009）。第二，东道国与第三方国家的关系。在全球化的今天，一个国家的政治、经济发展并非独立存在，国家的安全、政治稳定和经济发展等都与邻国及其他第三方国家相互掣肘。在国际关系上，由于需要维护国家利益，国家之间的交往往往存在各种政治矛盾和经济冲突。例如，国家之间在中东地区的石油之争、宗教矛盾、领土之争、武装冲突等因素对外国企业在当地的投资经营活动带来了巨大的威胁和挑战。第三，全球经济与金融环境。国际经济关系的实质是一种政治关系，经济上处于劣势的国家及地区容易被迫屈从经济上处于优势的国家及地区。再加上较强的敏感性和脆弱性，这些劣势国家及地区选择屈从优势国家的可能性也较高（潘镇和金中坤，2015）。由此，这种不平等的政治、经济关系成为影响海外投资政治风险的重要因素。

（2）东道国环境的影响因素。

影响海外投资政治风险的东道国环境因素主要包括以下六个方面。第一，东道国的政治制度。东道国的政治制度是影响政治风险的重要因素，如东道国的民主程度、东道国政治环境等。东道国民主程度越高，东道国政府对跨国企业经济活动干预的可能性就越低，海外投资面临的政治风险也就越低。相反，在专制程度越高的国家及地区，东道国政府对跨国企业经济活动干预的可能性就越高，海外投资面临的政治风险也就越高。同样地，东道国政治环境变化的程度越快，海外投资面临的政治风险也就越高。

第二，东道国政府治理。东道国政府是海外投资经营政策的关键制定者，对海外经营活动进行监督与管理。因此，东道国政府的治理对海外投资政治风险的影响十分关键。但并非东道国政府治理越完善，海外投资面临的政治风险就越低。投资方可以利用东道国国情和文化从东道国政府手中换取保障海外投资经营活动顺利进行的资源。

第三,东道国社会经济状况。经济基础决定上层建筑,东道国的政治环境在某种程度上由其经济基础所决定。而在某些新兴经济体市场中,投资企业主要利用一些非市场机制来保障企业在东道国经济活动的正常运营,如政府资源、政治资本。但这种非市场机制的获取渠道并不完善,且具有很高的不确定性。更为重要的是,这种非市场机制没有相应的法律保护机制,主要依赖于东道国政府。因此,一旦东道国政府出现不稳定因素,如政府换届、官员轮换等,海外投资经营活动也可能随之面临相应的风险。同时,相关研究指出,经济基础在某种程度上还决定了东道国的民族主义和仇外情绪。相较于在民族主义和仇外情绪较低国家的投资,在民族主义和仇外情绪较高国家的投资将面临更高的政治风险(Mocan & Raschke,2016)。

第四,东道国政府及非政府利益组织对海外投资的干预。一方面,东道国政府对经济活动的介入是为了实现东道国社会的经济和财政目标,如就业、区域发展等。当外部环境变化不利于东道国社会时,东道国政府往往会利用手中的权力将不利因素转嫁给海外投资,强迫投资方与之签订相关协议或利用其他政治势力及手段干预海外投资在东道国的经营活动。东道国政府干预海外投资的主要手段有提高税率、减少优惠、缩短租期、增加租金等。另一方面,东道国社会组织的行为(不管是较温和的罢工与抗议行为,还是极端的暴力冲突行为)对海外投资经营活动的影响也十分重要。例如,当东道国的社会组织及非政府组织(NGO)对海外投资存在不满及抱怨时,可能会通过一些非市场手段对东道国政府进行施压从而干预海外投资的经济活动,或者采取适当的手段直接对海外投资活动进行干预和阻止(张英达和葛顺奇,2011)。

第五,东道国的政策和法律及东道国的贸易保护主义等。在激烈的国际竞争环境中,为了保护民族产业,东道国政府往往利用多种政策及手段限制外国资本的流入。例如,增加贸易关税壁垒、增加对海外投资企业税收、制定限定海外投资经营活动的政策等。

第六,东道国宗教主义与民族主义等。东道国的宗教冲突、民族矛盾、历史矛盾、武装斗争都是影响海外投资政治风险的重要因素。例如，宗教矛盾可能激化并引致民族战争，进而影响海外投资在东道国生存和发展的环境。

(3)行业环境的影响因素。

海外投资所在的行业差异是影响海外投资面临政治风险程度的重要因素之一。例如，与其他行业相比，战略性自然资源行业、国防相关行业、金融行业、电信行业等政治敏感性较高的海外投资行业往往面临更高的政治风险(李诗和吴超鹏，2016；何金花和田志龙，2018)。

投资企业部分特征也会影响海外投资的政治风险。例如，投资方的国籍、来源国形象、投资方背景及母国文化、企业的国际化水平、企业与东道国群众之间的关系、企业的无形资产和地理位置的可移动性(Mihalache，2010)都是影响海外投资政治风险的重要因素。例如，由于投资企业的母国文化及投资企业的国籍问题，与其他国家的承包商相比，美国的承包商在中东地区的投资更易遭受基地组织的恐怖袭击；和其他国家相比，中国在马来西亚、菲律宾、印度尼西亚等东南亚地区国家的投资更容易遭受排外势力的干预。Deng 等(2014)甚至指出，海外投资项目的脆弱性也是影响海外投资政治风险程度的重要因素。

2.1.2 政治风险类型分析

由于学者们对政治风险内涵的界定存在不同的解释，其对政治风险类型的划分也存在不同的标准。总的来说，海外投资政治风险的类型主要有以下五种划分标准(见表2-1)。

表2-1 政治风险的分类

分类标准	种　类
按常规分类	征收险、转移险、战争和内乱险、违约险
按影响特性分类	宏观政治风险、微观政治风险
按风险来源分类	政治不稳定性风险、政策不稳定性风险
按风险流向分类	直接内部风险、直接外部风险、间接内部风险、间接外部风险

续表

分类标准	种　　类
按政治风险表现形式分类	发达国家：民族主义、歧视性政策干预、劳工权益引发的暴力、贸易保护政策等。 中东、非洲：政局动荡与战争风险、宗教矛盾与民族主义风险、汇兑限制风险等。 南美地区：间接国有化、外汇管制、外资政策变化等。 其他国家及地区：腐败、政府违约、民族主义、外资政策变化等。

资料来源：作者根据相关资料整理。

(1)按常规分类。

按常规分类的方式，海外投资政治风险主要包括征收险、转移险、战争和内乱险、违约险四种类型(黄河，2016)。其中，征收险主要来源于东道国政府对海外投资的国有化和没收行为。为了满足整个国家的公共利益需求，东道国政府对从外国流入的资本进行国有化和没收。东道国政府这些行为给外来资本造成的风险被称为征收险。转移险主要是指东道国政府为了平衡国际收支，对外国资本在本国的经营活动进行限制性管制或限制原本的利润和其他合法收入转移出东道国境外的风险。战争和内乱险主要是指在海外投资经营活动中因东道国内部局势动荡、民族或宗教派别冲突引发的战争及内乱给投资带来的不确定性损失。违约险主要指东道国政府违约给投资带来的损失。东道国政府一旦违约，投资方将无法及时求助司法机关，或虽有司法机关的仲裁却无法申请执行。

(2)按影响特性分类。

按照影响特性分类，相关学者认为海外投资的政治风险可以分为宏观政治风险和微观政治风险(Robook，1971；Alon & Martin，1998；Alon & Herbert，2009)。宏观政治风险指对所有海外投资都有影响，且在短期内不会显著改变的风险，如政府接管、政府层面的限制性政策、战争与革命等。微观政治风险是指仅影响特定的商业活动或具有某些特定特征的风险，如企业不愿与东道国政府就政治问题进行合作等行为引致的政府政策变更等(John & Lawton，2018)。

(3)按风险来源分类。

按照风险来源，海外投资政治风险可以分为与东道国政府相关联的政治不稳定性风险和与东道国政府因种种原因改变其既定的经济政策相关联的政策不稳定性风险(黄河,2016)。

(4)按风险流向分类。

按风险流向分类,海外投资政治风险主要包括直接内部风险、直接外部风险、间接内部风险、间接外部风险(Simon,1982)。直接内部风险有东道国政府的国有化、剥夺财产等风险;直接外部风险有母国公众抗议某国的投资、母国政府对海外经营的限制等风险;间接内部风险有政府摩擦、政权斗争等风险;间接外部风险有母国与东道国关系的恶化、邻国暴乱的波及等风险。

(5)按政治风险表现形式分类。

因为国家区域不同,海外投资政治风险的表现形式也不一样。如在发达国家,海外投资经营活动主要面临的政治风险是民族主义、歧视性政策干预、劳工权益引发的暴力、贸易保护政策等风险。在中东、非洲,海外投资经营活动主要面临的政治风险是政局动荡与战争风险、宗教矛盾与民族主义等风险。在南美地区,海外投资经营活动主要面临的政治风险是间接国有化、外汇管制、外资政策变化等风险。在其他国家及地区,海外投资经营活动主要面临的政治风险是腐败、政府违约、民族主义等风险。

2.2　政治风险与海外投资关系的研究

2.2.1　政治风险与西方国家企业海外投资的关系

虽然国外大量相关学者研究了政治风险对西方国家企业海外投资经营活动的影响,但从相关文献梳理的结果来看,目前关于政治风险对西方国家企业海外投资影响的研究并没有得出统一的结论。关于政治风险与西方国家企业海外投资之间关系的研究,目前研究甚至存在两个相悖的观点。

(1)政治风险与海外投资负相关的观点。

早期部分学者研究发现,政治风险会负面影响海外投资的经营活动(Busse & Hefeker,2007;Woodward & Rolfe,1993;Sissani,2014)。例如,Nigh(1985)研究发现,东道国国内矛盾及国际冲突是导致制造业海外投资流量锐减的主要原因;

Woodward 和 Rolfe(1993)实证研究发现,东道国的稳定性与海外投资企业的盈利能力正相关;Loree 和 Guisinger (1995)研究发现,良好的政治稳定性对海外投资具有十分显著的积极作用;Brunetti (1998)研究发现,政治风险与海外资本的流入负相关,他认为东道国政治风险阻碍了外国资本的流入;Busse(2004)通过定性研究发现,东道国政治因素的变动(如东道国外交政策的改变、国内战乱的爆发、民族冲突的加剧、治安环境的恶化等)对海外投资活动会产生负面影响;Rajan 和 Hattari (2009)通过 1990—2005 年 12 个新兴国家的样本数据研究发现,政治风险与 OFDI 之间存在显著的负相关关系;Sissani(2014)的研究也证实了政治风险与 OFDI 之间的负相关关系。

(2)政治风险对海外投资不起显著作用的观点。

目前学术界有另一部分学者研究发现,与"政治风险与海外投资负相关"这一观点不同,政治风险不仅不是影响海外投资的决定因素,且政治风险对海外投资的经营活动不存在影响(Li & Resnick, 2003; Bevan & Estrin, 2004)。例如,Dunning(1986)及 Wheeler 和 Mody (1992)研究发现,政治风险对跨国企业的海外直接投资不存在影响;Li 和 Resnick (2003)研究发现,相比政治持久性来说,政治不稳定性并不会对海外投资产生影响;Globerman 和 Shapiro (2003)研究发现,东道国的社会动荡和武装冲突对海外投资企业的盈利能力并不造成实质性影响。类似的,Bevan 和 Estrin (2004)的研究也得出了同样的结论,即东道国的政治风险对转型经济体在东道国的海外投资经营活动并不起显著的作用。Quer(2012)的研究结论也证实了政治风险与海外投资的经营活动并不存在明显关系的观点。

2.2.2 政治风险与中国企业海外投资的关系

(1)中国企业海外投资的"制度接近论"。

虽然有部分中国学者的研究表明政治风险对海外投资活动具有消极影响(韦军亮和陈漓高,2009;王海军,2012),但不同于西方主要国家的投资,相关学者普遍认为中国走出去的企业和其他国家走出去的企业对资本输出地区及东道国的风险因素反应不一致,至少在政治制度这一点上存在较大差异。相关学者的研究结论表明,中国企业的资本输出遵循"制度接近论",大量资本倾向于输出到政治制度相近或建设不完善的国家,即使这些地区的经济和政治环境会导致投资者承担过多的政治风险(Buckley et al.,2007;Morck et al.,2008;Yeung & Liu,2008;Kolstad & Wiig,2009)。我国部分学者的研究结论也证实东道国政治风险不会显著影响中国企业海外投资。例如,我国学者钞鹏(2012)利用中国企业2004年至2010年间的对外直接投资数据证明了政治风险对海外投资的经营活动并不存在明显关系。张雨和戴翔(2013)也通过面板数据模型研究发现,政治风险对中国资本输出的影响并不显著。胡兵、邓富华、张明(2013)通过考察东道国腐败和海外投资的关系发现,不同的腐败水平对海外投资的作用不一样,甚至腐败有可能促进外国企业在当地的投资。

(2)中国企业海外投资"制度接近论"的原因分析。

中国企业宁愿选择承担较大政治风险而将资本输出至政治制度相近或建设不完善国家的原因主要包括以下三个方面:第一,中国企业海外投资的动机在某种程度上是为了保障资源安全及获取战略资源。中国企业海外投资大多涉及战略性自然资源等行业。相比其他行业,这些行业的政治敏感性较高(李诗和吴超鹏,2016)。相关研究指出,在政治敏感性较高行业(如战略性资源等)经营的海外投资活动,往往会因其较高的政治敏感性而使东道国政府与跨国公司之间的双边竞争关系突破传统的双方博弈的边界,扩大到多边矛盾(如母国与东道国、母国与第三方国家等)的对峙中,从而使这些海外投资面临更大的政治风险(张建红等,2010;金华和童生,2006)。同时,资源丰富的东道国及地区制度环境往往比较不完善,为了获取战略资源,中国企业往往没有更多的选择,不得不将资本投向这些制度不完善但资源丰富的国家与地区,即使要承担更高的风险与损失(Morck et al.,2008)。

第二,中国政府政策的推动。中国企业往往在中国政府政策的推动下进行海外投资区位的选择,如"一带一路"倡议对海外投资区域的影响。在中国"一带一路"倡议的推动下,中国企业的海外投资在沿线国家的投资数量及范围都在急速增加。但"一带一路"沿线大多数国家处于政治、市场及法律制定不完善、政治不稳定的地区,且多数国家处在民主政治转型时期,整个社会的民族与宗教矛盾突出。"一带一路"沿线国家内部这些政治动荡因素为外国资本在东道国的存续和发展也带来了负面影响。例如,缅甸地区的民族矛盾(尤其是克钦族、果敢族与缅族之间的矛盾)、中东地区的宗教冲突等给在当地经营的海外投资活动带来了威胁。显然，在政策推动下，中国企业的输出资本在这些制度不完善的地区都面临着较高的政治风险。同时，"一带一路"倡议加强了东道国及第三方国家对中国企业海外投资的威胁感。虽然中国企业的海外投资活动是一种经济手段和经济行为，但中国政府的"一带一路"倡议导致了西方国家认为中国企业的海外投资是中国政府政治战略的载体，从而致使西方国家认为中国政府是在挑战其在东道国及地区的既得利益。随着这种威胁感的不断加强，这些国家将采取针对中国企业海外投资的抵制行为以维持其既得利益。也就是说，在中国政府的政策推动下，中国企业海外投资的经济议题可能在其他大国看来就具有政治战略含义(马亚华和冯春萍，2014)，从而将导致中国企业的海外投资面临着更高的由特定利益相关者行为引致的政治风险。

第三，中国企业的海外投资往往是国有企业作为主要投资主体。投资主体为国有企业或央企的海外投资往往容易导致第三方国家对中国战略意图的误解。国际上的关系往往因为信息不对称而变得扑朔迷离，甚至经过多方的揣测，中国的某些战略意图可能被第三方及其他国家误解，中国毫无恶意的行为往往被第三方揣测为一种威胁和挑战。中国的经济行为也常常被解读为政治行为，甚至被视为一种政治挑衅。尤其是在国家地缘政治的竞争中，这种误解屡见不鲜。因此，为了维持国家的既定利益和出于保障国家安全的本能，一些国家对中国国有企业的资本输出普遍持有抵触和戒备态度，必要时候也往往会采取适当的抵制行动以防患于未然。也就是说，国家之间地缘政治竞争造成的这种误解、误读和误判往往会增强中国海外投资企业在东道国所面临的政治风险。

2.3 海外投资政治风险的管理

虽然政治风险难以预测的特点使得人们往往无法预测和管理政治风险(Lawton et al. 2014；McKellar，2010)，但这并不意味着政治风险无法管理。现有研究主要从制度视角、资源基础视角、资源依赖视角探讨了政治风险的管理，相关英文文献见表2-2。

2.3 海外投资政治风险的管理

表 2-2　　　　　不同视角下政治风险管理的相关文献及理论基础

视角	文　　献	理论依据
制度视角	Arregle et al. (2013); Blake & Moschieri (2017); Cherchye & Verriest (2016); Chung & Beamish (2005); Click (2005); Delios & Henisz (2000); Desbordes (2007); Duanmu (2014); Garcia-Canal & Guillen (2008); Gaur & Lu (2007); Guillen (2003); Habib & Zurawicki (2002); Henisz & Delios (2001); Henisz & Delios (2004); Hiatt & Sine (2014); Holmes et al. (2013); Kolstad & Wiig (2012); Kwok & Tadesse (2006); Lee & Hong (2012); Li & Vashchilko (2010); Lopez-Duarte & Vidal-Suarez (2013); Lu et al. (2014); Meschi & Riccio (2008); Mudambi et al. (2013); Quer et al. (2012); Ring et al. (2005); Robertson & Watson (2004); Rodriguez et al. (2005); Rothaermel et al. (2006); Salomon & Wu (2012); Slangen & van Tulder (2009); Soule et al. (2014); Witt & Lewin (2007); Xie & Li (2017); Zheng (2012)	New institutional economics (North, 1990) New institutional perspective (DiMaggio & Powell, 1983) National business systems (Hotho, 2014; Whitley, 2007) Environmental determinism (Hannan & Freeman, 1984; 1989)
资源基础视角	Alon & Herbert (2009); Demirbag et al. (2011); Frynas et al (2006); Getz & Oetzel (2009); Hadani & Schuler (2013); Holburn (2001); Holburn & Zelner (2010); Jimenez (2010); Jimenez & Delgado-Garcia (2012); Jimenez et al. (2014); Mellahi et al. (2011); Moon & Lado (2000); Oetzel & Oh (2015); Oliver & Holzinger (2008); Puck et al. (2013)	Resource-based view (Barney & Arikan, 2001; Wernerfelt 1995; Peteraf, 1993) Proactive approach to political strategizing (Hillman & Hitt, 1999)
资源依赖视角	Arnoldi & Villadsen (2015); Blumentritt (2003); Blumentritt & Rehbein (2008); Boyacigiller (1990); Brewer (1992); Choudhury & Khanna (2014); Dieleman & Boddewyn (2012); Holtbrugge et al. (2007); Inkpen & Beamish (1997); Kim (1988); Liu et al. (2016); Nebus & Rufin (2010); Poynter (1982, 1986); Ramamurti (2000); Ramamurti (2001); Ramamurti (2003); Vachani (1995); Yan & Gray (2001)	Resource dependence theory (Hillman et al., 2009) Stakeholder approach (Donaldson & Preston 1995; Frooman, 1999) Bargaining theory (Bacharach & Lawler, 1981)

2.3.1 制度视角的政治风险管理

基于制度视角对海外投资政治风险管理的研究主要是建立在制度理论的基础之上(Dahan et al., 2006)。大量学者基于制度视角探讨了企业对海外投资政治风险的管理。例如，Garcia Canal 和 Guillen(2008)认为监管部门的高监管质量可以降低政治风险对海外投资的负面影响。相关学者研究结论也证实，为了降低海外投资的政治风险，母国政府和投资企业应该重视与东道国的关系。一旦东道国与母国之间原本的良好双边关系被破坏，东道国政府的决策可能就不会向投资企业倾斜，甚至可能会限制投资企业在当地的经营活动(Khattab, 2007)。因此，母国政府可以通过与东道国政府进行协商与谈判来减少东道国政府违约的现象。同时，相关学者研究结论也证实，母国与东道国之间良好的双边投资协议可以弥补东道国的制度缺位，从而有利于东道国吸引海外资本的流入(Tobin & Rose-Ackerman, 2011)；母国政府的支持与担保是海外投资企业顺利实施海外经营活动的重要保障(Sachs, 2008)等。但也有部分学者从制度视角得出了相反的观点，如 Puck 等(2013)研究表明，企业的金融激励，信息策略及政治策略不一定能减轻政治风险的影响，相反，它们偶尔会导致竞争劣势。

我国也有部分学者从制度视角探讨了海外投资政治风险的管理。例如，李巧(2005)认为，母国政府提供的咨询信息服务可以为海外投资企业在东道国的投资经营活动提供有价值的经验和借鉴信息。邓芊里(2008)认为，母国政府建立政治风险评估部门有利于为海外投资企业在东道国的经营活动提供有价值的参考意见。桑林和姚琦(2011)认为，改善海外投资企业的经营环境的手段之一是改善母国政府与东道国政府良好的外交关系。宗芳宇等(2012)研究结果也表明，良好的双边投资协定可以促进在弱制度环境中的对外投资。谭宇凌(2014)认为，在国家层面减小或者规避政治风险的重要手段之一是得到母国政府健全的海外投资法律制度的保障。

2.3.2 资源基础视角的政治风险管理

现有基于能力视角的政治风险管理的研究主要是基于资源基础观理论。资源基础观认为由于企业掌握的政治资源不同，其能力也存在差异，正是这种能力的差异导致不同企业应对政治风险的能力不同,尤其是政治资源导致的能力差异(Alon & Herbert, 2009; Demirbag et al., 2011; Frynas et al., 2006; Getz & Oetzel, 2009; Hadani & Schuler, 2013; Holburn, 2001; Holburn & Zelner, 2010; Jimenez & Delgado-Garcia, 2012; Moon & Lado, 2000; Oetzel & Oh, 2015)。关键的政治资源具有十分重要的价值,不仅罕见且模仿代价高昂(Holburn & Zelner, 2010; Getz & Oetzel, 2009; Oetzel & Oh, 2015)。对关键政策制定者的影响可以视为一种组织政治资源(Frynas et al., 2006),与政府打交道的经验也是一种人际关系的政治资源等(Frynas et al., 2006 等)。这些政治资源可以被认为是企业卓越绩效和可持续竞争优势的源泉。政治能力主要是指企业在持续部署或利用其政治资源的能力(Holburn & Zelner, 2010),如通过识别关键政治角色及其偏好来影响政策制定的能力是一种政治能力(Holburn, 2001; Holburn & Zelner, 2010; Lawton & Rajwani, 2011)。

相关学者认为企业可以通过政治资源及政治能力来降低政治风险(Holburn & Zelner, 2010; Jimenez et al., 2014)。例如,Moon 和 Lado(2000)基于资源基础观,探讨了企业如何利用资源和能力(如管理能力,技术知识和技能)来减少企业与东道国政府讨价还价过程中产生的不确定性;Frynas 等(2006)探讨了企业如何利用政治资源来产生先发优势;Oliver 和 Holzinger(2008)讨论了企业如何利用政治策略去动员企业能力,以避免或减少政治风险;Holburn 和 Zelner(2010)定义了政治资源和能力,并解释了它们作为减少政治风险的可持续竞争优势的原因;Delios 和 Henisz(2000)研究表明,尽管政治风险对外国直接投资有负面影响,但经验可以降低这种风险;Jimenez 等(2014)研究也发现,处理政治风险的经验有助于企业发展未来投资所需的处理政治风险的能力(如谈判和游说)。同时,还有相关学者认为企业可以通过进入海外投资的模式来管理政治风险。其中,进入模式主要有低进入模式和高进入模式,前者主要是指企业投入有限的资源来调解狭隘的政治问题,后者主要是指利用企业多方的利益相关者,如政府、社会组织及公众等来帮助企业改善政治环境。此外,企业也可以通过调整国外公司的资本结构来规避政治风险(Kestemich & Schnizer, 2010)。Odediran 和 Windapo(2016)甚至认为企业可以通过联营体的进入模式缓解政治风险。

我国学者李紫莹(2011)认为企业应该建立针对东道国政治风险的完善的应对

体系与结构；黄河（2014）认为企业运用法律维护自身合法利益的能力有助于帮助降低政治风险；赵伟（2016）则指出，企业利用在东道国实施本地化的经营方式和管理方式可以帮助缓解其在东道国所面临的政治风险；徐飞（2016）指出海外投资经营活动在投资之初，就应该有完善的解决问题的方案以规避在海外投资经营过程中面临的政治风险。

该视角下的海外投资政治风险管理的相关研究具有一个共同特点是，它们强调从企业内部进行政治风险管理，认为企业内部的政治资源和政治能力是政治风险管理的起点。

2.3.3 资源依赖视角的政治风险管理

现有基于资源依赖视角的政治风险管理研究的核心是借助企业与其他组织之间的关系及其对资源的依赖程度对政治风险进行管理（Holtbrugge et al.，2007）。资源依赖视角的政治风险管理领域的相关研究表明，一方面，企业可以利用讨价还价能力去管理政治风险。其主要原因是企业对重要资源的控制程度越高，企业对东道国制度环境的依赖性就越弱，讨价还价能力就越强（Choudhury & Khanna，2014；Yan & Gray，2001），企业管理政治风险的能力就越强。例如，Brewer（1992）认为在战略性行业中，跨国企业资源依赖性和议价能力会显著影响东道国政府干预；Vachani（1995）利用企业数据的研究结论表明，企业的议价能力有助于降低政治风险；Inkpen 和 Beamish（1997）研究发现，跨国企业对其东道国合作伙伴的低程度资源依赖有助于减少其在东道国所面临的政治风险；Ramamurti（2000）以拉丁美洲电信行业的跨国企业为案例研究并发现，先行者市场进入策略为跨国公司创造了可持续的竞争优势，并增强了它们与东道国政府之间的议价能力，从而降低了东道国监管风险带来的影响。

另一方面，资源依赖视角下政治风险管理领域的相关研究表明，企业可以利用利益相关者方法来管理政治风险。相关学者认为政治风险主要源于复杂且多层次结构组成的不确定性政治环境中多元利益相关者的政治行为（De Villa et al.，2015）。同时，企业是处于与其他组织相互依赖的网络之中（Inkpen & Beamish，1997；Liu et al.，2016），为了减少政治不确定性带来的损失，企业会主动改善它们所处的政治环境（Dieleman & Boddewyn，2012）。因此，管理多元利益相关者关系的能力有利于帮助企业管理海外投资的政治风险。例如，Buttler 和 Joaquin（1998）认为企业可以借助组合投资（即不把鸡蛋放在一个篮子里）来缓解政治风险；Holtbrugge 等（2007）基于资源依赖理论和利益相关者理论的研究发现，跨国公司在东道国的经营环境中需要经历多重相互依存关系，而这种多重相互依存的关系直接影响了企业在东道国市场上经营活动所面临的政治风险；Nebus 和 Rufin（2010）探讨了在政府干预和私有化过程中，企业的讨价还价能力和资源依赖性的关系，并进一步探讨了多元利益相关者的政治行为对企业在东道国海外经营的非市场绩效的影响。我国学者黄朴（2005）也认为构建东道国社会的利益相关者（如当地政府、当地银行等）与投资方之间的利益共同体可以减少东道国政府的干预；聂名华（2011）认为企业与东道国政府和民众之间友好的关系可以降低政治风险发生的概率。

2.3.4 简要的评述

基于以上理论基础的梳理，本书发现虽然关于海外投资政治风险的相关研究取得了十分丰富的成果，但目前关于海外投资政治风险的研究仍然存在以下四个方面的不足（见图 2-1）。

（1）目前关于海外投资政治风险的研究主要停留在海外投资政治风险的某一方面的描述，如政治风险因素、政治风险类型等。这些方面的研究只能说明特定政治风险因素对风险后果存在一种什么样的客观影响，却忽视了对"政治风险究竟如何形成"这一问题的考察与剖析。

（2）总的来说，目前政治风险类型主要包括两大类，即宏观政治风险和微观政治风险。而目前关于海外投资政治风险的研究侧重对宏观共性政治风险的分析，对主体行为引致的微观政治风险的探讨不足。而事实上，相关研究表明，在中国企业海外投资的政治敏感性较高的特征及政治战略驱动的投资动机的影响下，宏观共性政治风险对中国企业的海外投资显得并不那么重要，反而更应该关注特定主体行为下政治风险对中国企业海外投资的影响。

（3）目前关于政治风险的研究侧重静态的描述，忽视了动态视角下政治风险的研究。根据本书对政治风险内涵的界定可知，政治风险主要源于多方行为主体形成的一种不确定性的、多层次结构组成的复杂政治制度环境（John & Lawton，

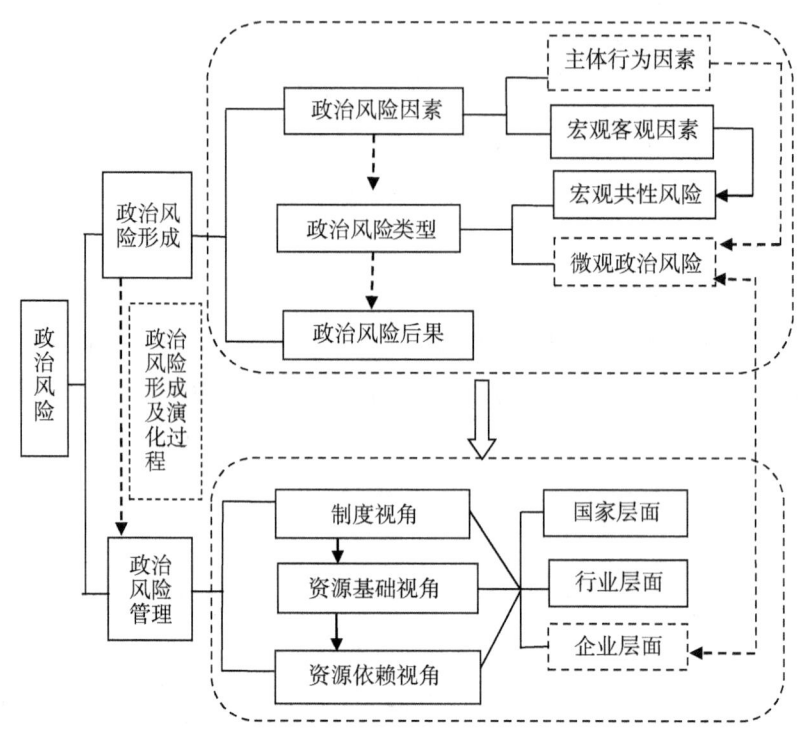

图 2-1　海外投资政治风险的研究现状（实线代表现有研究，虚线代表研究不足）

2018）。这种制度环境主要包括：企业与东道国政府的关系，企业与贸易协会、工会和东道国利益集团的关系，母国和东道国之间的双边关系等。既然这种制度环境是由多种关系结构组成的，也就意味着这种不确定性的政治制度环境并不是一成不变的，它会随着行为主体结构的变化而发生变化。因此，虽然很少有研究关注政治风险的演化，但根据相关研究可以推断出政治风险会随着制度环境的变化而不断变化。

（4）从以上相关文献的梳理可知，现有关于海外投资政治风险管理的研究主要集中在国家层面，对企业层面的海外投资政治风险管理的研究较少涉及。即使有少部分学者从企业层面探讨了政治风险的管理（Quer et al.，2012；Puck et al.，2013；Kingsley et al.，2015；Mellahi et al.，2016），但这些研究结论的基调是被动的，忽视了企业的自主能动性。例如，基于以上不同视角的海外投资政治风险管理相关文献梳理可知，现有基于制度视角的政治风险管理的研究过分夸大外部制度环境对海外投资政治风险的影响，缺乏关于企业内部环境对海外投资政治风险影响的研究；基于资源依赖理论及资源基础观的相关研究强调从企业内部进行政治风险管理，认为企业内部的政治资源和政治能力是政治风险管理的起点；基于资源依赖理论及资源基础观的相关研究虽然弥补了制度视角下相关研究注重外部环境而忽视企业内部条件的不足，呼吁从企业内部资源和能力视角来探讨政治风险的管理（Holburn，2001），但仍然不足的是，这些研究强调企业对制度环境的服从，主要基于企业不能改变环境只能适应制度环境的基本前提。

2.4 利益相关者行为与海外投资政治风险：拓展性思考

利益相关者可以通过事项选择、达成协议、实施、解决冲突、合作性学习等行为使管理实践制度化（Roloff，2008；王红丽和崔晓明，2013），因此，海外投资政治风险的研究必须重视多方利益相关者的行为（Thevendran & Mawdesley，2004；Kingsley &Vanden，2015；John et al.，2017）。具体而言，一方面是因为在既定的外部政治环境约束中，利益相关者通过某些行为影响海外投资的外部制度环境，从而对海外投资造成不确定性的政治风险。如 Alon（2009）发现海外投资涉及的某些利益相关者（如 NGO）能够对政府的行为做出重大的影响，进而可能对海外投资造成不确定性的政治风险。另一方面，相关研究认为利益相关者与投资企业的关系及其对海外投资的主观判断在相当大程度上会影响海外投资所处的政治环境。如 Holtbrugge 等（2007）研究发现，跨国企业在东道国的经营环境中需要处理与多方利益相关者的多重关系，而这种多重关系将直接影响企业在东道国市场上经营活动所面临的政治风险。部分学者甚至认为商业环境中受企业、行业和非市场因素影响的利益相关者的政治行为是政治风险发生作用的基础（Boddewyn & Brewer，1994）。因此，从利益相关者行为视角考察海外投资的政治风险有利于更全面及更深入地演绎主体行为政治风险。

基于分析，本项目将借鉴利益相关者理论的相关研究，将国际层-东道国社会层-企业层三方利益相关者纳入海外投资政治风险研究的整体框架，并从多方利益相关者行为视角回答海外投资主体行为政治风险的形成及其对海外投资的影响机制及作用边界等问题。

2.5 本章小结

通过上述相关理论基础的梳理及综述可以发现，关于海外投资政治风险的形成、演化及控制的研究是一个宽泛且深奥的领域。关于这一领域的研究不仅有政治风险因素的分析，还涉及政治风险的形成原因、政治风险演化过程、政治风险控制等问题的探讨。虽然已有学者从不同侧面和关注点探究了海外投资的政治风险部分内容，但由于他们研究的目的及立足点不同，其对海外投资政治风险研究仍然存在部分不足，现有相关理论和实证仍然可以进行进一步的深入探讨。因此，本章内容主要是梳理了相关理论基础及现有关于海外投资政治风险的研究现状与进展，试图为本书后文相关问题的研究奠定理论基础。

第3章　海外投资主体行为政治风险的形成

根据本书的研究设计，本章主要详细解析海外投资主体行为政治风险的形成，从利益相关者行为视角分析海外投资主体行为政治风险的具体表现形式。本章具体将从研究问题、理论基础与分析框架、研究设计、案例发现、研究结论与讨论五个部分展开。

3.1　本章研究问题

本章的研究问题主要是基于利益相关者行为视角探讨海外投资政治风险的形成及利益相关者行为与海外投资政治风险的关系。从第2章相关文献的梳理可以看到，尽管现有文献对海外投资政治风险进行了丰富的研究，但现有关于海外投资政治风险的研究侧重对宏观共性政治风险的探讨（Khattab et al.，2007；Kesternich & Schnitzer，2010），忽略了海外投资过程中某些行为主体的主观行为带来的政治不确定性（Khattab et al.，2007；Meunier，2012；Khattab & Anchor，2007），也并未对行为主体的行为如何影响海外投资政治风险进行深入分析。

事实上，中国企业的海外投资除了要面临客观政治制度环境带来的政治风险，还面临诸多因为某些利益相关者抵制性行为引致的政治风险。因此，为了弥补现有相关研究的不足，本研究将以中国企业在缅甸投资的密松水电项目为研究对象，基于利益相关者行为的视角，探究中国企业海外投资主体行为政治风险的形成及表现形式。本研究希望能将不同层面的利益相关者纳入海外投资政治风险的统一分析框架，并从利益相关者行为视角剖析中国企业海外投资主体行为政治风险的形成。

3.2 理论基础与分析框架

本部分主要梳理关于利益相关者行为与政治风险的相关理论基础,并探讨目前相关研究的不足。然后在相关理论基础及现有研究不足的基础上提出本研究的分析框架。

3.2.1 理论基础

利益相关者行为是引发政治风险的重要因素。利益相关者行为引致的风险主要是相对于宏观共性风险而言的,它与海外投资的利益相关者的决策行为密切相关(Thevendran & Mawdesley, 2004)。海外投资在东道国的政治风险主要来源于多方行为主体的政治行为(何金花和田志龙, 2018; John et al., 2017), 相关理论研究也指出,由第三国干预、各国内部利益集团和 NGO 等政治利益集团参与的政治行为引致的政治风险日益成为影响海外投资的主流(Kingsley & Vanden, 2015; John et al., 2017)。因此,从利益相关者行为视角考察海外投资的政治风险有利于整合海外投资的主体行为政治风险及剖析海外投资主体行为政治风险的形成。

本研究认为借鉴政治经济、国际关系及战略管理领域的相关研究可以分析中国跨国企业海外投资的利益相关者。首先,从战略管理领域相关研究来看,利益相关者不仅包括传统的以投资企业为焦点组织的利益相关者,还包括某些非市场利益相关者。中国企业的海外投资往往因为其较高的政治敏感性而容易招致某些特定利益相关者的反对,因此,对于中国企业的海外投资来说,投资方不仅要面对来自以投资企业为焦点组织的利益相关者的市场竞争,往往还需要处理来自其他利益相关者的非市场竞争。这些非市场竞争包括某些利益相关者利用东道国的宗教、文化、环境等因素作为抵制中国企业海外经营活动工具的竞争等。因此,对于中国企业的海外投资,除了考虑传统的以投资企业为焦点组织的利益相关者,还应从多方面考虑非市场利益相关者。

其次,基于国际关系领域的相关研究发现,关于中国企业海外投资的利益相关者的分析还应该考虑国际关系,尤其是中国政府与国际上第三方国家的关系。

其原因在于，在国际地缘政治框架下，为了国家的利益与安全，相关国家往往会对他国及他国周边的地缘政治提高警惕。由此，国家间的竞争及地缘政治因素可能导致一个企业的海外投资行为被第三方国家政府看作投资企业的母国政府在东道国提高影响力的政治行为(Morck et al., 2008)。对于中国企业的海外投资来说，尤为如此。中国的海外投资主体大多数是国企或央企(Yeung & Liu, 2008)，而国企和央企的多数权力来源于国家，这也就意味着中国的海外投资容易被认为是中国政府带有政治动机的国家战略行为(Busse & Hefeker, 2007)。因此，这也就意味着当中国企业海外投资被认为是中国政府在东道国扩张政治势力的非正式代理行为时，将中国政府视为现实或潜在竞争对手的第三方国家政府及其他国际组织将对中国企业的海外投资进行干预和抵制。也就是说，将中国政府视为现实或潜在竞争对手的第三方国家政府及其他国际组织很大可能是中国企业海外投资的利益相关者。

最后，基于政治经济领域相关研究发现，关于中国企业海外投资的利益相关者的分析还应该考虑东道国国内的民主政治环境。一般而言，为了利用外资促进本国经济的发展，东道国政府会通过国家间特有的双边联系因素来保障外资投资的公平和优惠待遇，从法律层面对外资投资提供鼓励和保护(Desbordes & Vicard, 2009)。同时，由于东道国政府是外资政策的制定者和海外公司投资行为的邀请者、支持者和监督管理者，中国企业在选择进行海外投资时更多的是倾向采用依靠当权者的方式。这种方式可以帮助中国企业的海外投资获得东道国政府的支持，但在采用西方民主政治体制的国家，这种依靠东道国政府走出去的上层路线方式容易导致东道国的反对党和某些社会组织认为中国企业的海外投资是东道国政府提高执政合法性的工具。由此，东道国的反对党、与中央政府利益不一致的地方政府及其他社会组织等将对东道国政府的不满转移至中国企业的海外投资，进而对中国企业的海外投资采取政治化的抵制行为。因此，从这一视角来说，东道国的反对党、与中央政府利益不一致的地方政府及其他社会组织也有可能成为中国企业海外投资的利益相关者。

基于以上关于中国企业海外投资的利益相关者的分析可知，中国企业海外投资通常存在三个焦点组织，即中国政府、东道国政府、投资企业。因此，中国企业海外投资的利益相关者主要有：以中国政府为焦点组织的国际层利益相关者、以东道国政府为焦点组织的东道国社会层利益相关者及以投资企业为焦点组织的企业及项目层利益相关者。其中,国际层利益相关者指以中国政府为焦点组织,且将中国政府视为现实或潜在竞争对手的第三方国家政府及组织。东道国社会层利益相关者指以东道国政府为焦点组织,且将东道国政府视为现实或潜在竞争对手的社会组织(如地方政府、反对党)。企业及项目层利益相关者指以投资企业为焦点组织,且将投资企业视为现实或潜在竞争对手的来自西方国家的投资企业。这些利益相关者并不是完全的经济关系,有些可能是真实的经济利益关系,有些可能是政治上的关系,甚至有些或许是假想的利害关系。

3.2.2 分析框架

基于以上相关理论基础,本研究分析思路如下(见图 3-1):首先,在以上关于利益相关者内涵分析的基础上,分别识别三个层面的利益相关者。然后,在三个层面的利益相关者识别结果的基础上,分别探讨其行为与海外投资政治风险的关系。其中,根据相关行为要素过程,利益相关者行为主要包括行为动机、行为策略及行为结果。本研究的主要目的是试图弥补现有关于海外投资过程中忽视主体因素对政治风险影响的不足,进一步拓展海外投资主体行为政治风险的研究。

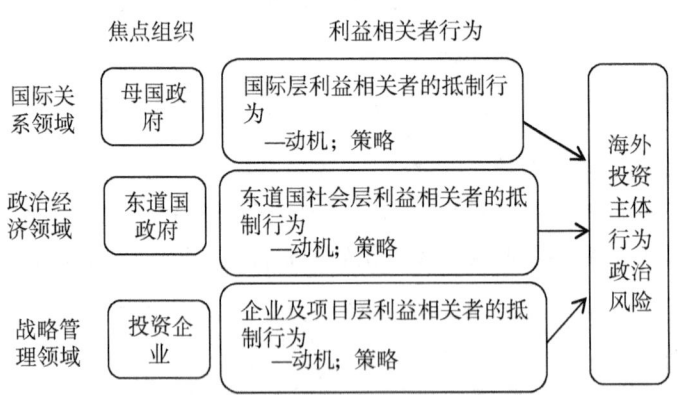

图 3-1 利益相关者行为视角下的海外投资主体行为政治风险的研究框架

3.3 研究设计

3.3.1 研究方法

本研究主要采用单案例研究方法,主要原因有以下两点:首先,Eisenhardt(1989)认为案例研究方法主要用来解决及回答"如何"(How)等问题,有利于分析各个事物现象间的共同点与区别。而本研究的目的是考察反对型利益相关的行为如何影响我国企业在海外投资政治风险,是"如何"(How)的问题。因此,作为一项机制的探索性研究,为了更好地解答本次研究的问题,本研究采用案例研究的方法。其次,Yin(2013)指出,当现有的相关研究并没有深入探讨所需研究问题时,探索性单案例研究方法可以帮助研究者对某一特定现象或问题进行深入剖析,从而揭示现象背后的机制。本研究主要是回答关于反对型利益相关的行为如何影响我国企业海外投资政治风险的问题,现有研究较少涉及。因此,根据Yin(2013)的观点,探索性单案例研究可以帮助本研究深入剖析这一问题。综上,本研究主要采用探索性的单案例研究的方法。

3.3.2 案例对象选择

本研究遵循理论抽样的原则,主要选取中国电力投资集团(简称"中电投")在缅甸投资开发的密松水电站项目为案例研究对象。选择密松水电项目为研究对象的原因主要有以下三点:

首先,典型性。投资地区的典型性:密松水电站项目地处缅甸,而缅甸一直是全球地缘政治中的"小国大角色"地区,多个国家均有政治经济利益、政治矛盾交织于该地区。因此,当中国企业在缅甸进行投资时,考虑到地缘政治因素,在缅甸交织着多方利益的国家及地区势必会介入中国企业的海外投资。为了保持其在缅甸的利益,这些国家利用案例项目为平台或工具在东道国进行政治力量的角逐。投资行业的典型性:资源型海外投资更容易受到投资地区及其他国家政治势力的介入与干预,从而也就使投资项目面临较高的各方势力较量行为引致的政治风险。而密松水电站项目旨在开发缅甸伊江流域的水资源,属于中国企业在海外投资的典型资源型海外投资。

其次，内容适配性。密松水电站项目在缅甸的开发过程中面临着各利益相关者的干预与抵制，甚至沦落为各利益相关者争取政治经济诉求的工具。这种现实情境为本研究问题——"利益相关者行为引致的政治风险"的研究提供了非常丰富的素材及资料。

最后，数据可获取性。密松水电项目的投资开发得到了中国政府、缅甸政府及各利益相关者的重视。相关权威网站、论坛、媒体一直追踪报道案例项目的实施进度，相关数据也不断在网络上进行披露。因此，关于该案例项目的数据比较容易获取。同时，密松水电站项目开发建设从2006年至今，经历的时间跨度较长，数据链比较完整，非常符合案例研究的条件及情境。因此，本研究认为选取密松水电项目为研究对象具有较大的可行性和科学性，可以帮助解决本研究的问题。

3.3.3　案例项目简介

密松水电站项目由中电投和缅甸亚洲世界公司共同投资开发。其中，前者所占股权为80%，后者代表缅甸政府享免费股份15%。密松水电站项目于2009年12月21日正式举行开工仪式。根据投资双方的协议，项目建成后，首先由中方负责经营50年，而后无偿转交给缅方。但在中方经营期间，缅方仍然可以在税收、分利等方面获取收益。这本是一个互惠共赢的项目，但在实际建设中，该项目却遭受了来自缅甸及国际社会某些组织、个人的反对与抵抗，导致项目建设停滞。

3.3.4　数据收集

本研究的数据主要来源于企业外部资料和企业内部档案。首先，企业外部资料和企业内部档案两个来源渠道之间可以相互验证及相互补充。同时，两大来源的数据相互独立，可以更好地保证数据的完整性、全面性及真实性[①]，进而保障数据资料的信度和效度。其次，现有相关学者指出，一些经过思考性的出版物可

---

① 对于带有价值立场的媒体报道，本书主要选取纪实性报道，并采取其中的事实部分而非观点部分，以避免相应的内容会因价值倾向而降低数据的信度与效度。

以作为学术研究的重要素材(Yin,2014),且国内学者如梁上坤等(2018)、杜晓君等(2015)的研究也采用二手材料作为研究的资料数据。因此,本研究认为,虽然此研究的数据资料是二手数据,但是这些数据符合用来进行学术研究的条件,可以为本研究提供理论研究素材。

虽然本研究的数据资料是二手数据,但本研究在收集数量过程中仍然遵循了以下三个步骤:首先,来源渠道的多元性。企业外部数据和企业内部档案虽然是本研究的两大主要来源,但在两大渠道收集数据时仍然基于两大渠道的不同来源。如关于企业外部资料数据,主要来源于媒体、报纸及杂志。其中,媒体又包括国外媒体和国内媒体,前者主要有大型网络媒体——缅甸民主之声,后者主要有号称全球最大的中文新闻平台百度新闻。报纸主要有《第一财经报》《21世纪经济报道》等。期刊主要是来源于知网、谷歌学术等。企业内部档案的资料主要聚集在中电投的官方网站、媒体对中电投高层及项目相关负责人的访谈等。其次,在选择了大量的原始数据之后,考虑到有些数据存在重复的可能,本研究继续遵循表述详细程度的原则,进行迭代和交叉验证,最后将资料最详细、信息最大的数据进行保存,将迭代和交叉验证后保留下来的所有数据再次进行补充和完善,直至达到饱和。最后,在整理了相关数据与资料之后,本书对所有数据不仅进行了时间的交叉验证,还将相关数据在内容上进行交叉验证。由此,可以更好地保证数据资料的信度和效度。具体数据来源如表3-1所示。

表3-1　　　　　　　　　　　　数据来源

数据来源	数据分类	密松水电站项目	
		数量	编码
企业内部资料	企业家访谈	4	A1
	官网	58	A2
企业外部数据	知网与谷歌	36	a1
	百度	139	a2
	缅甸民主之声	15	a3
	网络视频	47	a4
	NGO报道	15	a5

3.3.5 构念界定

从行为过程相关研究来看,行为要素主要包括行为主体、动机、策略、结果等多个方面。基于相关理论基础及相关资料的初步梳理,我们对利益相关者行为做了如下界定(各构念的主要含义见表3-2)。

表 3-2　　　　　　　　　　核心构念及其含义

构念	子构念		主要含义及关注要素
行为主体	以母国政府为焦点组织的国际层利益相关者		以中国政府为焦点组织,且将中国政府视为现实或潜在竞争对手的第三方国家政府及组织
	以东道国政府为焦点组织的社会层利益相关者		以缅甸政府为焦点组织,且将缅甸政府视为现实或潜在竞争对手的社会组织(如地方政府、反对党)
	以投资方为焦点组织的项目层利益相关者		以投资企业(即中电投)为焦点组织,且将其视为现实或潜在竞争对手的来自美国、日本、东道国等国家的投资企业
行为动机	政治利益		如地缘政治、政治资本、执政合法性
	经济利益		如物质报酬、市场占有率等
	社会利益		如社会认可度、声望等
行为策略	政治势力干预策略	幕后参与	指介入的方式比较缓和,私下采取隐秘的反对行动
		非物质援助	与常规的国家援助不同,其目的是带有某种政治倾向性且会影响东道国政府对项目的决策过程而并非为目标国或地区提供援建项目
		路径施压	通过有效的第三方向东道国政府施压,使其对项目的政治干预变得合法化
	政治化抵制策略	信息战略	指为监督部门及决策制定者提供意见等政治行为
		施压式集体行动	对关键政策制定者形成强大压力,使焦点问题提上决策日程或重新被考虑
	竞争策略	调动社会力量	积极调动社会力量,利用其母国资源及参与东道国的公益活动,引起东道国的媒体及其他利益相关者对某些事项的关注
		污名化策略	利用东道国媒体塑造东道国相关舆论
行为结果	主体行为政治风险		各行为主体在海外投资的政治环境中的"作为"或"不作为"引致的且会对海外投资产生影响的社会政治性事件、进程或特征等

行为主体：即利益相关者。基于上述分析，我们将中国企业海外投资利益相关者分为以母国政府为焦点组织的国际层利益相关者、以东道国政府为焦点组织的东道国社会层利益相关者及以投资企业为焦点组织的企业及项目层利益相关者。

行为动机：利益相关者的行为动机可以分为经济利益、社会利益及政治利益。

行为策略：指行为主体参与的策略及方式。本研究将分别对国际层利益相关者政治干预策略、东道国社会层利益相关者政治化抵制策略、企业及项目层利益相关者竞争策略进行界定。首先，国际层利益相关者政治势力干预策略主要包括幕后参与、非物质援助、路径施压。东道国社会层利益相关者政治化抵制策略包括信息战略和施压式集体行动。企业及项目层利益相关者竞争策略包括调动社会力量和污名化策略。

行为结果：即利益相关者主体行为带来的政治风险。根据以上理论基础的分析，本书将主体行为政治风险界定为各行为主体在海外投资的政治环境中的"作为"或"不作为"引致的且会对海外投资产生影响的社会政治性事件、进程或特征等。这种政治环境主要是指多方利益集团形成的一种复杂的多层次结构系统，如企业与东道国政府关系（企业层）；企业与贸易协会、工会和东道国利益集团的关系（行业层）；东道国与母国的政治历史（国家层）；母国和东道国的关系、国家间投资协议（国际层）等。

3.3.6 数据分析与编码

本研究的分析与编码过程如下。

第一阶段：识别行为主体，即三个层面的利益相关者。首先，结合相关原始数据及关于利益相关者的内涵，确定密松水电站的焦点组织分别为：中国政府、缅甸政府及中电投。接下来，本研究对所有的相关数据进行编码，并识别出各层的利益相关者。这一步的具体过程是，根据原始资料标记关键词并划分类别（如关键词"中国政府"和"中国外交部发言人"；"美国驻缅甸使馆"和"美国国会"；"克钦政府""克钦军队"和"克钦邦"；"农业与灌溉部""电力部""缅甸政府""缅总理"和"缅人民院议长"等）。待确认关键词并归类后，再将其进行概念化(如"中国政府"和"中国外交部发言人"概括为"母国政府";"农业与灌溉部""电力部""缅甸政府""缅总理"和"缅人民院议长"概括为"缅甸政府"等)。最后在概念化的基础上将各行为主体进行范畴化,就划归为三个层面的利益相关者。

第二阶段主要是基于第一阶段行为主体的编码及识别结果,探讨利益相关者行为与政治风险的关系。具体而言,首先,在密松水电站项目利益相关者识别结果的基础上,本研究对行为动机、行为策略、行为结果三个方面的数据进行了编码(见图3-2),每个方面的编码都遵循了以上的三步编码过程(Gioia et al.,2013)。

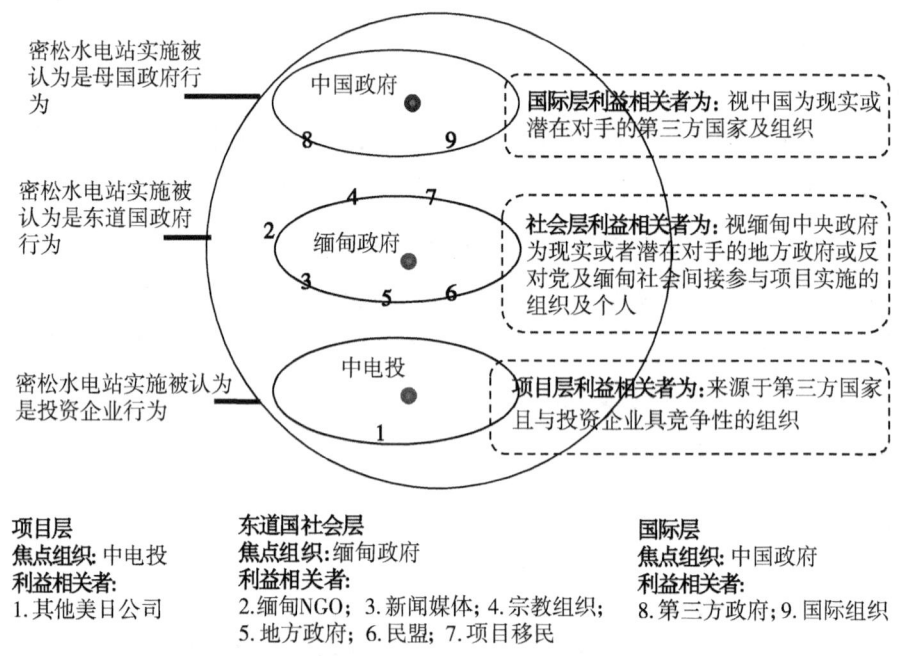

图3-2 密松水电站项目的利益相关者识别结果

(1)行为主体的识别。

首先,根据以上海外投资及其利益相关者的分析,我们认为密松水电站项目存在三个焦点组织:一是中电投。该项目的投资企业包括中国的电力投资集团、缅甸电力部和亚洲电力公司,前者是主要的投资者(80%股权)。二是中国政府。

针对该项目，中缅两国政府签署相关框架协议以支持项目的实施。三是缅甸政府。缅甸水电站的协议是中国投资方与缅甸政权签订的。

然后，根据以上行为主体识别的具体过程识别密松水电站项目三个层面的利益相关者，识别结果见图3-2。其中，国际层以中国政府为焦点组织的利益相关者是视中国为现实或潜在对手的第三方国家及组织，如美日等西方国家政府及国际组织。东道国社会层以缅甸政府为焦点组织的利益相关者有地方政府（克钦政府、克钦军队）、反对党（民盟）、教会组织、新闻媒体和NGO（环保组织、其他社会组织）等。企业及项目层以中电投为焦点组织利益相关者，主要有来自美日等西方国家的企业。

（2）行为主体与政治风险的编码。

本研究主要采用内容分析方法对行为主体行为与政治风险关系的相关数据进行分析与编码。其目的是从大量的定性数据中提取变量并概念化和范畴化，然后展示理论研究部分提出的问题。本阶段的数据编码过程如下：首先，根据相关文献的指引及以上相关变量的界定，我们从原始资料中提取类似的变量合并到相同的一级编码类别中，并以这种方式继续对转录的文本进行编码，直至达到饱和。同时，在此阶段中，除了进行一级编码之外，我们还确定了这些变量之间的联系，以帮助更好地指引概念化的二级编码工作的进行。然后，在变量之间关系分析的基础上，将相关变量进行提炼以聚合为二级构念。最后，在二级构念的基础上进行范畴化，从而帮助理解利益相关者行为视角下的政治风险。具体编码结果见图3-3。

如图3-3所示，对于行为动机方面的编码，我们在一级编码中确定了九个构念，然后提炼了七个概念，最后将这七个概念进行范畴化，归类为政治利益、经济利益、社会利益。对于行为策略方面的编码，我们在一级编码中确定了十四个构念，然后提炼了七个概念，最后将这七个概念进行范畴化，归类为政治干预策略、政治化抵制策略、竞争策略。对于行为结果（即政治风险）方面的编码，我们在一级编码中确定了十一个构念，然后提炼了七个概念，最后将这七个概念进行范畴化，归类为政府行为偏好改变风险、不确定政治事件风险、合法性危机风险。

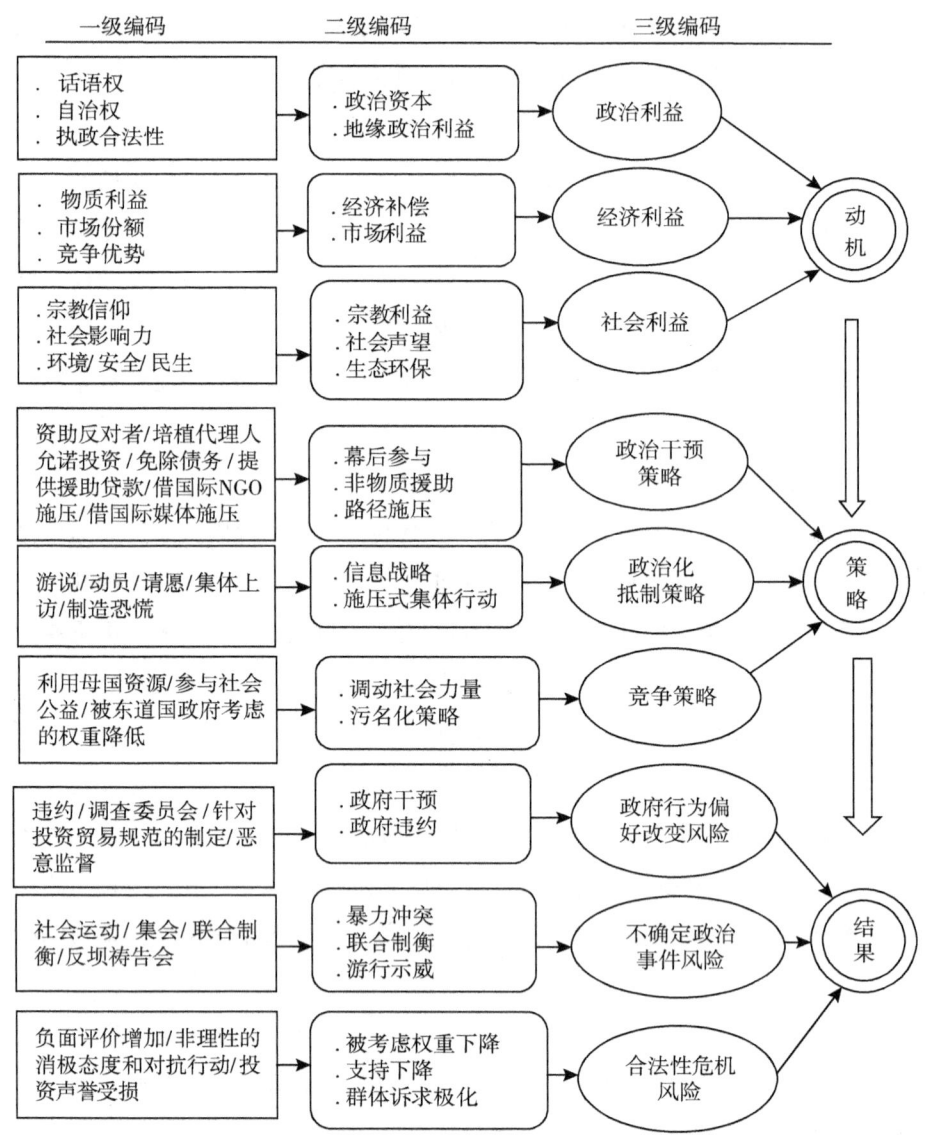

图 3-3　利益相关者行为视角下政治风险研究的编码过程

3.4　案例发现

根据以上研究思路，此部分主要具体分析与讨论各利益相关者行为与主体行为政治风险的关系(各利益相关者行为与主体行为政治风险编码典型引用语见表

3-3、表3-4、表3-5)。

表3-3　　国际层利益相关者行为与主体行为政治风险编码典型引用语

	二级编码	一级编码	典型引用语
动机	地缘政治利益	话语权/主导权	《缅甸和华盛顿在东南亚新的战略选择》署名文章称："西方必须认识到,在当今地缘政治格局中,考虑到中国的崛起,西方需要缅甸。" 2015年10月《日本经济新闻》有报道称日本政府着手与缅甸开展能源领域的政策对话的目的在于抗衡中国
策略	幕后参与	资助反对者	英国《卫报》披露了一份由美国驻缅临时代办拉瑞·丁格尔在2011年初签署的电报,表明美国驻缅大使馆曾通过"小额资金"支持了反对修建密松水电站的民间组织
		培植代理人	美国驻缅大使每年会至少两次到克钦邦拜会浸信会的领导人,有时美国的军方高官也会拜访,而教会目前也扮演了克钦独立军的智囊和民间宣传机构的角色; 美国大使馆工作人员曾在项目搁置前2个月在泰国清迈组织了非政府组织活动,策划反密松水电站活动
	非常规物质援助	允诺投资	2011年11月,奥巴马宣布两年内向缅甸提供1.7亿美元的发展援助
		免除债务	2012年4月21日,在缅甸时任总统吴登盛访日期间,日本政府即免除缅甸拖欠的37亿美元债务,并在时隔25年后重启对缅援助
		提供援助贷款	日本政府承诺从2013年起向缅甸提供为期3年、总额高达6000亿日元的政府开发援助贷款
	路径施压	借国际NGO施压	国际反水坝组织打着保护生态和保卫当地民众利益的幌子,用传播谣言、欺骗误导公众的方式来达到反对密松水电站建设和水利水电开发的目的; 名为"地球权利国际"的NGO多次发表颠倒黑白的研究报告,这些报告在国际社会产生了非常恶劣的影响
		借国际媒体施压	熊丽英认为,欧美媒体不负责任的渲染,加强了缅甸当地人对密松水电站项目的不信任感

续表

	二级编码	一级编码	典型引用语
结果（主体行为政治风险）	东道国政府行为偏好改变	东道国政府违约	吴登盛忽然宣布搁置密松水电站项目，他认为该水电站可能"破坏密松的自然景观，破坏当地人民的生计……"；吴登盛的顾问曾在接受美国媒体采访时表示："我们（缅甸）将观察中美两国中哪个国家将给我们带来更多利益。"
		东道国政府干预	2016.8.12，缅甸总统府发布政令（No.58/2016），成立伊江上游水电-密松项目调查委员会

表3-4 东道国社会层利益相关者行为与主体行为政治风险编码典型引用语

	二级编码	一级编码	典型引用语
动机	政治利益	自治权	克钦族人早甘说："克钦邦目前正在为争取自己的权力而努力。等我们自治后一切都会顺利解决，包括密松项目。""大民族主义者的克钦族希望独立，我在政府工作期间，多次收到克钦族反对密松水电站建设的联名信，当时，密松项目的报告还尚未提交。"吴赛亭林表示
		执政合法性	昂山素季试图通过项目参与国家事务，掘取政治生涯中重要的"一桶金"
	经济利益	物质补偿	考龙称："土地和时令蔬菜是没有补偿款的，经济补偿只针对果树和经济木，且赔偿没有明确标准。邻居杜拉（音）搬离时，一分钱都没拿到。""因为这是国家项目，不会管我们愿不愿意，但我们希望从中得到利益和实惠。"移民昂邦对记者说
	社会利益	宗教信仰	"父亲和母亲合在一起形成伊江，所以我们不希望建坝，害怕标志消失。"
		安全与环保	"若建成后的密松水电站因地震而坍塌，克钦邦首都密支那将处于危险之中，伊江沿岸成千上万的人将被洪水淹没。"——克钦邦发展网络组织；缅甸知名环境保护组织Ecodev顾问密密莫（Myat Myat Moe）在接受澎湃新闻采访时说："密松项目的建设人员在伊江淘金、采砂，运回中国。"

续表

二级编码	一级编码	典型引用语
策略		
信息策略	游说	"缅甸部分NGO组织花费了数月的时间动员,试图说服缅甸政府的高层官员改变对项目建设的态度。"
	动员	KDNG发表抗议书,呼吁各界行动起来保护密松,保护母亲河
施压式集体行动	请愿	缅甸"88学生组织"发起的保护"伊江"的请愿活动,得到了1600多名缅甸主要社会人士的支持; 2011年9月2日,时任缅甸总统吴登盛收到了一封包括政治家、艺术家、记者等在内的上千人签名的请愿书,希望停建密松水电站,"让伊江长流不息"
	集体上访	2009年10月,克钦当地的NGO(农村重建运动组织)举行了两次反密松水电站的祷告会,在RRMO的支持下,在当地搜集4100个反对密松项目者的签名; 2011年9月20日,缅甸10个政党发表联合声明,质疑密松水电站的技术和安全问题,敦促政府邀请独立专家重新评估项目
	制造恐慌	KDNG发布 Dam the Irrawaddy,展示项目无处不在的危害,不提带来好处; 缅甸名为KKS的NGO主席Htun Naing Aung对记者说,"一些媒体和政府部门沟通很少,有的只获得了一部分信息,再加上自己的语言就发表出去了"
结果(主体行为政治风险)		
不确定性政治事件	暴力冲突	密松水电项目附近发生了多起小规模连环爆炸事件,其中造成了包括中国工人在内的人员伤亡; 武装冲突使通往密松水电站的道路有几十公里被封,水泥、钢筋等无法运输
	联合制衡	教会势力渗透的反水坝组织常年活动,杜撰丑化中国企业的负面消息,并通过电台、出版物影响当地民众,给项目重启带来重重阻力; 2010年6月,"克钦民族组织"动员海外克钦人在缅甸驻外使馆前发起抗议活动,希望团结克钦人共同反对密松水电站
	游行示威	早甘说可以通过游行让工程停滞,但只要让一些利益给克钦军,可以通过游行让密松项目复工; 2014年3月,包括前政治犯在内的一百多名缅甸民众,发起徒步从仰光走到密松项目所在地的抗议活动,呼吁政府永久停止密松项目

表 3-5　企业及项目层利益相关者行为与主体行为政治风险编码典型引用语

	二级编码	一级编码	典型引用语
动机	经济利益	市场份额	日本《经济新闻》称,日本将着手与缅甸开展能源领域对话,目的是方便日本相关企业进驻当地
		竞争优势	日本企业一旦站稳脚跟,对其他当地中资企业的生存是很大威胁
策略	调动社会力量策略	利用母国资源	日本有一个贸易振兴机构,人数比日本外务省的人还多,在各地都有办事处,负责搜集当地第一手的资讯,并近乎无偿地给日本企业使用
		参与社会公益	"日本在缅甸做许多贴近民生的项目,如农村电网改造、饮用水净化、乡间小路修缮等,这些项目拉拢了民心。"观察人士说
	污名化策略	形塑舆论	影响力大的媒体被日本控制,中国企业做什么都得不到正面报道
结果（主体行为政治风险）	合法性危机	被东道国政府考虑的权重降低	军方办的《缅甸新光报》,现在也出现了"反密松"言论；"日本在缅甸的电力布局,将对中国产生巨大影响。"某观察人士指出,"首先,将阻碍中国企业的在缅投资,特别是能源战略；其次,日本已流露出对伊江水电项目的兴趣,最坏的结果是拿走伊江项目的开发权；再次,日本一旦在此地站稳脚跟,不要说密松项目,对其他当地中资企业的生存也是很大威胁。"
		NGO/群众支持下降	"一些父母得到补偿金后不久就给孩子们买摩托车,以前由于路远不能去的娱乐场所,现在很容易就能去,这样孩子们就学坏了"；污蔑中国投资企业在缅甸只顾赚钱、不顾缅甸人民利益、生态和安危
		群体极化	"'没电用也无所谓,只要不建密松水坝',这是缅甸反对密松项目的媒体喊出的口号,这表明反坝人士已走向一个极端"；"现在中电投身份很尴尬,非政府人士将我们视为缅甸政府的代表,我们说的每句话会被认为是缅甸政府放出的信号,而政府官员也不愿在项目上多做评论"

3.4.1 国际层利益相关者行为与政治风险

国际层利益相关者以中国政府为焦点组织。相关证据显示,密松水电站项目的政治风险来源之一是第三方国家政府及国际组织的反制行为。

行为动机。通过对案例项目的编码发现,国际层利益相关者认为案例项目的实施是中国政府在东道国扩大政治影响力的行为,他们的主要目的是以案例项目为平台来围堵和打压中国政府在缅甸的政治影响力,以提升其在缅甸的话语权和扩大政治影响力。相关资料显示,为了制衡和抗衡中国,日本政府曾经开展与缅甸在能源领域的政策对话。也有资料显示,为扩大在缅影响力,美日等西方国家利用妖魔化密松水电站项目为突破口以达到破坏中缅之间关系的目的。也就是说,案例项目被当作国际地缘政治角力的筹码。《华盛顿邮报》曾发表一篇署名文章《缅甸和华盛顿在东南亚新的战略选择》表示,为了获取地缘政治利益以制衡中国,美日等西方国家需要借助缅甸的地缘政治优势。

行为策略。通过相关资料的分析与编码可以发现,国际层利益相关者反制策略主要有幕后参与、非常规物质援助及路径施压。其中,幕后参与主要是指利用资助东道国的反坝组织、培植代理人等比较缓和且相对比较隐秘的抵制行为方式介入海外投资项目的实施。相关资料显示,美日等西方国家为缅甸地区的社会宗教组织充当智囊角色。例如,美日等西方国家不仅直接利用资金支持缅甸反对密松水电站项目民间组织的活动,还通过渗透缅甸宗教组织的高层管理者,私下为缅甸反对密松水电站项目的社会宗教组织出谋划策。同时,有些西方组织甚至在背后策划反密松水电站项目的活动。

非常规物质援助。这种援助与常规的国家援助不同,常规国家援助的目的是为目标国或地区提供援建项目,而非常规物质援助的目的则带有某种政治倾向性,且会影响东道国政府对投资项目的决策过程。非常规物质援助的具体行为方式如允诺增加投资、免除东道国债务等。相关资料显示,西方国家不仅直接提供缅甸发展援助金(如 2011 年 11 月,奥巴马宣布将在两年内提供给缅甸援助金 1.7 亿美元),还利用免除债务等手段利诱缅甸政府(如 2012 年 4 月,日本宣布免除缅甸债务 37 亿美元)。此外,西方国家还承诺缅甸政府开放援助贷款。

路径施压。这种方式是通过有效的第三方向东道国政府施压,使其对项目的政治干预变得合法化。具体的行为方式如借助国际环保组织施压，借助国际媒体施压等。案例相关资料显示，一些国际环保组织利用保护生态环境等借口误导缅甸群众，颠倒是非黑白，进而达到干预密松水电站项目实施的目的。这些国际组织是反对项目实施的重要力量，尤其是当较多数量的国际组织联合起来时，这些力量就成为缅甸反坝组织的坚强后盾。由此，缅甸反坝组织的整体反对势力大大增强。此外，西方媒体的恶意宣扬也给案例项目带了极大的负面影响。例如，相关资料显示，欧美媒体不负责任的渲染，不仅加强了缅甸当地人对项目的不信任感，还让缅甸人民对项目产生了诸多不满和抱怨。

主体行为政治风险。编码结果显示，国际层的利益相关者的反制行为使案例项目深陷东道国行为偏好改变风险。一方面，国际层利益相关者的允诺投资、经济酬赏等行为导致东道国政府行为偏好发生改变。例如，相关资料显示，缅甸政府下令停建密松水电站项目之后，吴登盛的顾问曾经公开表示停建该项目的原因之一是缅甸需要权衡中美两国谁能为其创造更大的利益。另一方面，国际层利益相关者在缅甸大力资助反对者、培植代理人等行为导致来自缅甸的部分利益相关者对案例项目的误解愈来愈深、怨恨愈来愈大。这些利益相关者在国际反坝组织的煽动及影响下，认为案例项目的实施对缅甸社会百害而无一利，案例项目的实施不仅会破坏生态环境，还会破坏当地人民生计。

3.4.2 东道国社会层利益相关者行为与政治风险

东道国社会层利益相关者以缅甸军政府为焦点组织。相关证据显示，密松水电站项目的政治风险的另一个重要来源是地方政府、民盟、NGO等组织的政治化抵制行为。

行为动机。通过对案例项目的编码分析可以发现，缅甸社会层利益相关者抵制项目的主要驱动力是获取政治利益(如政治资本)、社会利益(如社会地位)及经济利益(如物质补偿)等。

政治利益。相关资料表明利益相关者的诉求各不相同。其中，克钦政府认为密松水电站项目的实施是缅甸政府针对克钦族的一场阴谋，克钦政府认为军政府试图通过案例项目的实施来巩固及加强执政统治的地位，且以案例项目为平台削弱克钦邦的政治力量。在这种认知的驱动下，为了获取可以与缅甸军政府抗衡的政治战略空间及政治力量(如土地自治、区域自治和区域管理权等),克钦政府借助政治势力及政治手段对案例项目进行抵制。对于反对党——民盟来说,他们借机参与项目的实施是为了赢取民意,进而提升在大选中的得票率。反对党民盟首领昂山素季也试图通过案例项目来参与国家事务,掘取政治资本。

社会利益。相关资料显示,缅甸部分 NGO 抵制项目的实施是为了保障缅甸群众的民生福利、安全及环保等。例如,克钦发展网络组织曾表示,"建成后的密松水电站若因地震而坍塌,克钦邦首都密支那将处于危险之中;若一旦发生洪峰,沿岸的人将遭受巨大损失"。缅甸教会组织则希望维护宗教信仰。缅甸教会组织认为伊江是其生命之源,是民族的标志,密松水电站项目的建设可能会破坏伊江,毁坏他们信仰。

经济利益。对于项目移民来说,他们希望得到实际的利益和补偿。当地移民认为该项目是国家的项目,他们的意愿改变不了国家实施该项目的决定及现状,但他们希望从中得到相应的补偿,以保障基本的生活。相关资料显示,根据相关协议的要求,政府不需要对当地的移民补偿沿岸的土地和时令蔬菜,但需要补偿沿岸的果树和经济林木。而实际上,根据当地村民的描述,关于移民工作中的果树和经济林木的补偿不仅没有按照标准执行,且很多村民在移民后并没有拿到相应的补偿款。

行为策略。编码结果显示,东道国社会层的利益相关者的抵制策略主要是利用信息策略和施压式的集体行动将海外投资项目涉及的一般经济议题进行政治化。信息策略是指为监督部门及决策制定者提供意见等政治行为,如通过正式和非正式途径游说监督部门及决策制定者采纳自己的主张和意见;打着极具鼓动性的口号动员其他利益相关者参与反对活动等。相关资料显示,缅甸的社会组织曾联合发表抗议书,试图影响缅甸政府的行为偏好,从而达到停止修建密松水电站的目的。例如,克钦发展网络组织(KDNG)发表 *Resisting the Flood*,呼吁缅甸各界关注密松水电站实施带来的危害。

施压式集体行动是指行为主体联合其他利益相关者利用请愿、集体上访、制造恐慌等方式参与社会的政治活动,并带有胁迫意味地将其诉求施加给政府与投资方。案例相关资料显示,缅甸的社会组织经常利用多方请愿活动、联名上书及自发的祷告会等手段施压缅甸政府。例如,"88 学生组织"发起的保护伊江的活动；2011 年 9 月 2 日的联盟施压时任总统吴登盛活动；2009 年 10 月的祷告会；等等。这些活动旨在施压缅甸政府以达到停止密松水电站实施的目的。

主体行为政治风险。通过相关资料的分析与编码可以发现，缅甸社会层的利益相关者的政治化抵制策略使案例项目深陷不确定性政治事件及活动风险。缅甸社会层利益相关者的政治化抵制行为给缺乏话语权和利益表达渠道的民众带来了较大的心理冲击，引起了缅甸民众强烈的不安和恐慌，进而导致缅甸群众反对投资项目的情绪持续高涨。同时，缅甸社会层的利益相关者的政治化抵制策略将投资方的母国政府、投资企业置于与缅甸社会利益相关者完全对立的一面，从而导致东道国利益相关者对案例项目的误解进一步加深，进而促进了缅甸各利益相关者对案例项目及投资方形成一种非理性对抗态度。随之而来的是缅甸各利益相关者反对项目和投资方的暴力冲突、游行示威等政治不确定性事件和活动的不断增加。相关资料显示，在缅甸社会层利益相关者行为的煽动下，各地民众不断发起抗议活动。例如，2014 年 3 月，缅甸群众爆发了从仰光到密松所在地的徒步抗议活动。部分民众认为，他们可以通过游行示威阻碍项目的实施，但只要让一些利益给克钦军，他们也可以通过游行让密松项目复工。

3.4.3　企业及项目层利益相关者行为与政治风险

企业层利益相关者以中电投为焦点组织。相关证据显示，来自第三方国家且与投资公司竞争组织的敌意竞争行为也是密松水电站项目政治风险的重要来源之一。

行为动机。编码结果显示，为了实现获取竞争优势及占领缅甸市场的目的，在母国政府的政策支持之下，来自第三方国家且与中电投竞争的企业及组织趁势抓住干预案例项目实施的契机进驻缅甸市场，试图与中国投资方争夺缅甸市场。相关资料显示，为了占领缅甸市场，打通日本企业进入缅甸市场的渠道，日本政府着手与缅甸开展能源领域的对话。而日本企业一旦在缅甸的市场得以打开且站稳脚跟，将是中国企业在缅甸市场的又一劲敌。

行为策略。根据编码结果发现，企业及项目层利益相关者主要利用调动社会力量策略及污名化策略与中国投资方进行敌意竞争。具体而言，一方面，他们积极调动社会力量，借助母国资源的帮助渗入东道国社会的公益活动，以引起东道国媒体及其他利益相关者对某些事项的关注。同时，企业及项目层利益相关者以母国政府在缅甸的资源为杠杆，积极联合一切有利因素并试图提升其在东道国的合法性。例如，相关资料显示，日本政府在缅甸兴办了一个贸易振兴机构，日本利用这个机构收集了大量的资源与信息，然后无偿提供给日本企业，为日本企业进驻缅甸市场提供必要的帮助。

另一方面，他们还通过积极参与当地的社会公益活动等手段，成功塑造其在缅甸的良好形象。例如，相关资料显示，日本在缅甸做许多贴近民生的项目，如农村电网改造、饮用水净化、乡间小路修缮等，这些行为拉拢了缅甸的民心。

此外，企业及项目层的利益相关者还利用形塑社会舆论等行为对投资方及项目进行污名化。相关资料显示，缅甸影响力较大的几家媒体都被日本控制，中国企业做任何事情都得不到正面报道。

主体行为政治风险。企业及项目层利益相关者的敌意竞争策略使案例项目深陷合法性危机。一方面，企业及项目层利益相关者的污名化策略使投资方的形象严重受损，进而导致投资项目在东道国的政治及社会合法性不断被质疑，使项目深陷合法性危机带来的风险。相关资料显示，在各方势力的抵制之下，缅甸军方的《缅甸新光报》也开始出现反对密松水电站建设的言论。另一方面，在污名化策略的影响下，东道国群众针对投资项目的诉求逐渐变得极端化。例如，相关资料显示，缅甸反对案例项目的媒体称"没电用也无所谓，只要不建密松水电站"，这表明缅甸地区的反坝人士已走向一个极端。他们将一切负面的结果全归结于案例项目，甚至有资料显示，有人认为："一些孩子因为有了摩托车而去娱乐场所忘了学习也是项目实施带来的不利后果"。

3.5 研究结论与讨论

基于以上利益相关者行为动机、行为策略及行为结果的分析，本研究进一步提炼了利益相关者行为视角下中国企业海外投资的主体行为政治风险（见图3-4），以下将具体进行讨论。

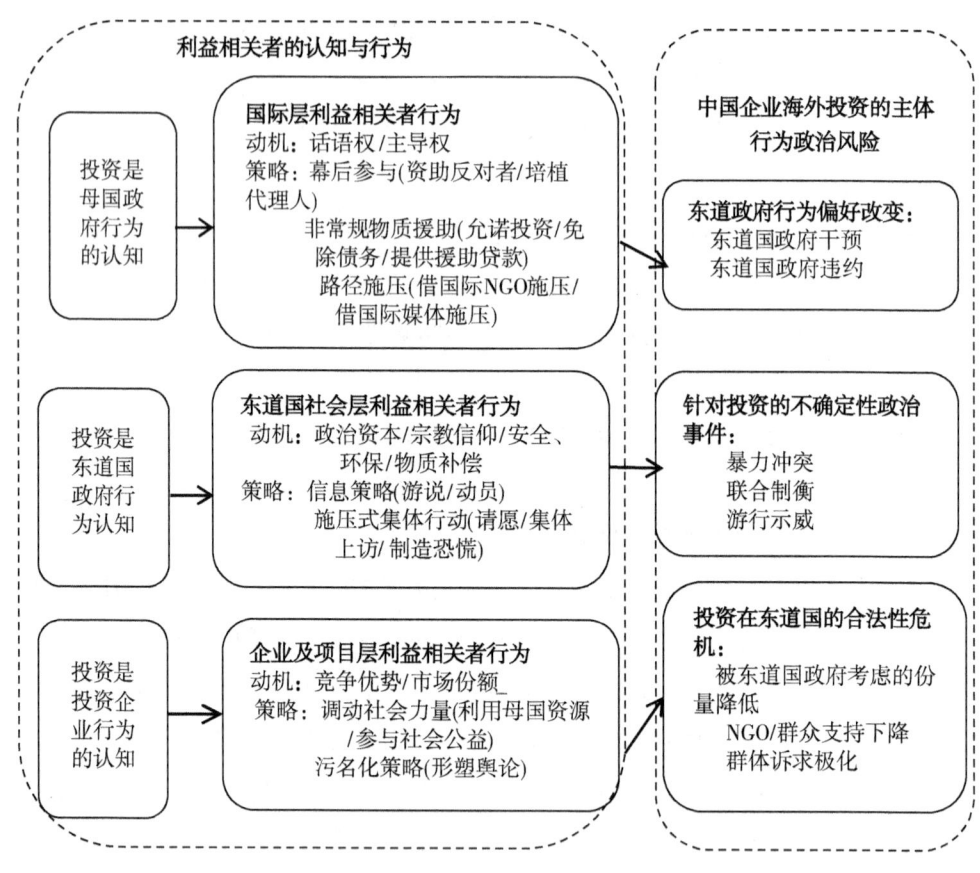

图 3-4 利益相关者行为视角下中国企业海外投资政治风险的形成

3.5.1 研究讨论

(1) 国际层利益相关者行为与海外投资政治风险。

国际层利益相关者的政治势力干预策略,使中国企业的海外投资深陷东道国政府干预、东道国政府违约等东道国政府行为偏好改变风险。在地缘政治框架内,中国企业海外投资背后的这些政治因素往往导致中国企业的海外投资被认为与国家目标和国家政治利益联系在一起,进而导致中国企业的海外投资不仅被某些利益相关者视为商业实体,更被视为中国政府政治使命的载体。因此,从地缘角度来看,当中国企业的海外投资助力于中国政府在东道国政治话语权的提升而使美日等西方国家边缘化时,西方国家是难以接受的。也就是说,国际上视中国政府为现实或潜在竞争对手的组织往往将中国企业的海外投资视为中国政府在东道国传播政治意识的平台而进行干预。尤其是当具有潜在介入可能的第三方国家原本就与投资企业的母国存在竞争关系且不能化解时，这种非理性认知会加深第三方国家的威胁感，从而促使第三方国家采取政治势力对中国海外投资项目进行干预（Joyce et al.，2014）。因此，为了挤压、遏制中国在东道国的政治影响力及谋求在东道国的话语权和主导权，国际层的利益相关者往往通过政治势力干预的策略介入中国企业在东道国的市场经营活动。由于中国和美日等国家一直以来的竞争关系，西方国家政治势力干预中国企业海外投资的意愿及可能性自然也就越强。

国际层利益相关者的政治势力干预所带来的政治风险是一种敌意政治风险，它主要源于特定利益相关者针对特定企业、组织或某些投资项目的破坏性、敌意性而采取的抵制行为（保建云，2017）。事实上，政治势力干预策略实质上是一种遏制性的行为策略，幕后参与、非常规物质援助及借助国际组织施压等遏制性行为通过影响东道国政府的行为偏好，导致东道国政府对中国企业在当地市场的投资进行更严格的监管。当东道国政府重新权衡利弊后，若发现可以获得来自中国投资项目的好处小于第三方国家政府承诺的利益时，作为关键政策制定者的东道国政府，将可能通过政治手段对海外投资进行干预及阻碍。这些手段包括：与第三方国家政府签署不利于投资方的贸易协议，或制定针对中国企业投资的贸易规则，甚至违约停止中国企业在当地的投资项目等。同时，国际层利益相关者的政治势力干预策略也将可能成为东道国利益相关者反对中国企业海外投资的杠杆。

基于以上分析，本研究提出以下命题：

命题1：基于中国企业海外投资是母国政府政治行为的认知，以母国政府为焦点组织的国际层利益相关者利用幕后参与、非常规物质援助、路径施压等政治势力干预策略，使中国企业的海外投资深陷东道国政府干预、东道国政府违约等东道国政府行为偏好改变风险。

（2）东道国社会层利益相关者行为与海外投资政治风险。

东道国社会层利益相关者的政治化抵制策略使中国企业海外投资深陷宗教冲突、游行示威等政治不确定性事件风险。中国企业在国内的投资大部分是采用自上而下的"上层路线"投资方式（Alden & Hughes，2009；Tang-Lee，2016；Tan-

Mullins et al.，2010）。当中国企业依靠东道国政府进行海外投资时，这种上层路线的投资方式容易导致东道国其他利益相关者（如反对派、地方政府和其他政治利益集团）对中国企业海外投资目的产生怀疑。造成这一结果的主要原因是在东道国社会层的利益相关者看来，中国企业依靠东道国政府进行开发的海外投资往往会打破东道国内部政治经济利益的平衡格局，从而导致他们的既得利益出现不确定性的损失。因此，为了维护和保障既得利益（如反对党为了获取政治资本，地方政府为了维持与中央政府对抗的战略空间等），东道国社会层的利益相关者往往把一般性的经济事务政治化，其目的是拉拢或联盟东道社会组织的政治力量抵制中国企业的海外投资以实现自身诉求。

为了实现自身诉求，东道国社会层的利益相关者利用政治化策略将风险转移到东道国政府的整体政治治理体系。在此过程中，东道国社会层利益相关者的政治化策略给国际层及企业层的利益相关者参与抵制项目提供了契机，其他利益相关者可以借此机会和东道国利益相关者的其中一方或多方形成联盟，进而推动各层利益相关者之间反对中国企业海外投资"利益共谋链"的形成。同时，掌握话语权的某些利益相关者的抵制行为也助长了东道国其他利益相关者对海外投资的不满情绪。在这些特定行为主体行为的影响下，东道国利益相关者对海外投资的不满情绪和态度逐渐转化为政治行动（如示威游行），进而导致"蝴蝶效应"的产生，使原来的区域性事件逐渐演变为全国性大事件。由此，海外投资将面临更多的暴力冲突、宗教矛盾、游行示威、联合抵制等不确定性政治事件风险。

基于以上分析，本研究提出以下命题：

命题2：基于海外投资是东道国政府政治行为的认知，以东道国政府为焦点组织的东道国社会层利益相关者利用信息策略、施压式集体行动等政治化抵制策略，使中国企业海外投资深陷宗教冲突、游行示威等政治不确定性事件风险。

（3）企业及项目层利益相关者行为与海外投资政治风险。

企业及项目层利益相关者的竞争策略使中国企业海外投资深陷合法性危机。跨国企业的海外投资行为在某种程度上受到了其母国经济政策、经济结构和政治利益政策的影响。因此，跨国企业海外投资行为的动机在某种程度上也是为了响应母国政府的政治战略。由此，为了阻碍投资企业在东道国市场的经营活动及阻止投资企业获取与投资企业母国政府政治战略相匹配的政治利益，企业及项目层利益相关者主要从两个方面采取竞争性行为。

一方面，企业及项目层利益相关者积极利用公众策略和社会责任战略等非市场策略，试图从侧面削弱中国投资企业在东道国的竞争地位。根据 Tan 和 Wang（2011）的研究结论，社会责任战略是应对东道国利益相关者压力时，企业对社会责任行为所做出的总的应对策略，是一种战略回应式模式。但与之不同，企业及项目层利益相关者的公众策略和社会责任战略等非市场策略是主动层次上的前瞻型战略，其主要目标是追求社会责任所产生的竞争优势（Husted & Allen, 2007）。本研究发现，企业及项目层的反对型相关者的这种前瞻性战略的实施帮助它们获取了在东道国市场竞争的优势资源，且影响了中国企业海外投资正常实施所需资源的获取，进而削弱了投资企业海外投资在东道国的民众基础和市场优势。

另一方面，企业及项目层的利益相关者借助母国政府政治杠杆的支持，利用污名化策略从正面塑造投资企业在东道国的负面形象，降低投资企业在东道国的合法性。污名化策略强调企业及项目层利益相关者将某种负面特征强加给投资方及海外投资，促使东道国社会不满投资方及海外投资的情绪的扩散及社会骚乱的广泛出现。一旦这些不满情绪和社会骚乱没有得到投资方及东道国政府及时的澄清和解释，那么东道国社会群众对海外投资及投资方负面形象的认知将会得以巩固及加强。由此，东道国群众对投资方及海外投资的认可度及支持度也急剧下降。也就是说，一旦海外投资在东道国的社会及政治合法性遭遇质疑，结果可能会导致投资方及海外投资面临合法性危机带来的诸多不确定性风险（Morsing & Perrini, 2009）。

基于以上分析，本研究提出以下命题：

命题3：为了获得竞争优势，以投资方为焦点组织的企业及项目层利益相关者利用调动社会力量策略和污名化策略，使中国企业海外投资深陷合法性危机（如东道国政府的考虑权重减少，群众的支持减少等）。

3.5.2 研究结论

本研究采用探索性单案例的研究方法，从利益相关者行为视角探讨了主体行为政治风险的形成及其具体表现形式。本研究主要有以下三个结论：

第一，中国企业海外投资的利益相关者具有多重性。本研究结论证实中国企业海外投资利益相关者主要有以母国政府为焦点组织的国际层利益相关者、以东道国政府为焦点组织的社会层利益相关者和以投资企业为焦点组织的企业及项目层利益相关者。

第二，中国企业海外投资行为存在三种认知，即中国企业海外投资是母国政府扩大政治影响力的政治行为、中国企业海外投资是东道国政府巩固执政合法性的政治行为、中国企业海外投资是投资企业的经济行为。基于这三种认知，以母国政府为焦点组织的国际层利益相关者将对海外投资进行政治势力干预、以东道国政府为焦点组织的东道国社会层利益相关者将对海外投资进行政治化抵制、以投资企业为焦点组织的企业及项目层利益相关者将对海外投资进行敌意竞争。

第三，中国企业海外投资政治风险的形成是各利益相关者不同抵制行为共同作用的结果，且利益相关者行为视角下中国企业海外投资遭遇的政治风险主要有三种类型：国际层利益相关者政治势力干预行为主导的政府行为偏好改变政治风险、东道国社会层利益相关者政治化抵制行为主导的不确定性政治活动及事件风险、企业及项目层利益相关者敌意竞争行为主导的合法性危机风险。

3.6 本章小结

本章以中国企业在缅甸投资的密松水电站项目为案例研究对象，初步探讨了中国企业海外投资面临的由多方利益相关者行为引致的主体行为政治风险的具体表现形式。这为第4章关于"海外投资的主体行为政治风险的演化"这一问题的研究奠定了基础。同时为中国企业进一步加深对海外投资政治风险的认识提供了参考。

第 4 章　海外投资主体行为政治风险的演化

本章详细从动态的视角来考察中国企业海外投资政治风险的演化过程。本章具体将从研究问题、理论视角与分析框架、研究设计、案例发现、研究结论五个部分展开。

4.1　本章研究问题

本章的研究问题是探讨海外投资主体行为政治风险的动态演化过程。基于第2章的相关文献的梳理可以发现，现有学者主要从可观测的宏观政治制度环境和社会经济环境等共性视角研究了关于海外投资政治风险的基本面。但目前学者们关于政治风险基本面的研究是相对割裂、静态的。也就是说，现有研究忽视了对海外投资政治风险的动态性研究。而事实上，根据第一章对海外投资主体行为政治风险定义的界定可知，海外投资主体行为政治风险主要源于东道国的制度环境，而制度环境处于不断动态变化过程之中。由此可知，海外投资主体行为政治风险也会随着东道国制度环境的变化而不断变化（Busse & Hefeker，2007；Kesternich & Schnitzer，2010）。

基于以上分析，本研究将以中国企业在缅甸投资的莱比塘铜矿项目为分析对象进行探索性的纵向单案例分析，从动态视角试图考察中国企业海外投资主体行为政治风险的演化过程和路径。为了更好地探究海外投资主体行为政治风险的演化过程，本研究引入了"合法性"这一变量，关于引入合法性的可行性及必要性见以下分析。本研究拟贡献于：从动态视角打开海外投资主体行为政治风险演化过程的黑箱，构建海外投资主体行为政治风险演化的过程模型。

4.2 理论基础与分析框架

本部分主要梳理了关于合法性与政治风险的相关理论基础,并探讨了目前相关研究的不足。然后在相关理论基础及现有研究不足的基础上提出本研究的分析框架。

4.2.1 理论基础

为了解决基于合法性视角的海外投资主体行为政治风险的演化过程这一问题,本研究的理论基础部分主要对合法性的内涵与分类、合法性与政治风险的研究现状进行了梳理,以阐述本书从合法性视角探讨海外投资主体行为政治风险的动态演化具有可行性和必要性。

(1)合法性的内涵及分类。

合法性是企业行为符合现行社会构建的规范、价值、信念等,从而得到的社会认可、接受和赞许的状态(Suchman,1995)。现有文献主要从战略视角和制度视角分析了合法性的含义。战略视角认为合法性是一种重要资源,但又不同于物质资源和信息资源,合法性这种资源可以帮助企业获取更多的其他竞争资源和竞争优势(Zimmerman & Zeitz,2002)。因此,战略视角的学者们认为企业应该去主动获取合法性。与之不同,制度视角认为合法性是一种结构化的信念机制,它是一种外部可见的符号性价值(Zimmerman & Zeitz,2002)。

合法性对组织的作用一般存在于两个层次:一个是强意义上的合法性机制,另一个是弱意义上的合法性机制(周雪光,2003;曹正汉,2005)。所谓强意义的合法性机制是指企业无法自主选择结构和行为,它面临着来自外部制度环境的强大的约束力,这种约束力迫使企业与外部制度环境诉求的结构和行为保持相似或者高度一致。由此,企业才可以获取利益相关者对其较高的合法性评价和认可。现代制度学派奠基人Meyer和Rowan(1977)就是从这个意义上论述了在制度环境约束下,企业可以采用体现共同信念及知识体系和大众认可的文化模型结构来获取合法性。弱意义上的合法性机制认为制度并不是自然而然的思维逻辑,制度主要是通过影响资源分配来影响企业的经营活动(周雪光,2003)。弱意义上的合法性机制可以帮助企业提高可信性,这种可信性让外部利益相关认为合法性较高的企业更具有投资价值、更值得期待,进而影响外部利益相关者的关键资源分配的结果。也就是说,弱意义上的合法性机制对企业的作用过程主要体现在迫使企业进行制度同构(isomorphism)。而制度同构是指在相同环境下,促使企业与其他企业保持相似性的制约性过程(Dimaggio & Powell,1983)。

对于合法性的分类研究,现有学者们基于研究目的的不同,从不同的视角对合法性进行了不同的划分。例如,Suchman(1995)认为合法性主要有实用合法性、道德合法性和认知合法性三种;Zilomerman 和 Zeitz(2002)认为合法性主要有产业合法性、社会合法性以及联盟合法性根据来源的不同,合法性可以分为内部合法性和外部合法性(Singh et al.,1986)等。还有学者认为合法性可以被划分为产业合法性、投资合法性、关系合法性、社会合法性和联盟合法性(Dacin,et al.,2007)。但目前学术界较为普遍接受的关于合法性的分类主要是根据压力类型的不同,将合法性分为规制合法性、规范合法性和认知合法性(Scott,1995;Tornikoski,2007;Certoet al.,2007)。规制合法性来源于政府、行业协会等相关部门;规范合法性主要来源于社会道德观和价值观的认可;认知合法性来源于对于特定事物理解、认同知识的扩散。基于以上分析,本研究将主要从规制合法性、规范合法性和认知合法性三个维度来探讨合法性对海外投资政治风险演化的影响。

(2)合法性与政治风险研究现状。

一方面,目前关于政治风险的研究急需从合法性视角予以突破。近年来,诸多学者探讨了合法性与政治风险之间的关系(Marquis & Qian,2014;Bucheli & Kim,2015;Bucheli & Salvaj,2013;Stevens & Nevenham-Kahindi,2017)。例如,Marquis 和 Qian(2014)研究发现,"通过按照政府的政策、立场和法规采取行动……公司及其高管在政府眼中保持了合法性";Kostova 和 Zaheer(1999)明确地将企业的合法性与它们所面临的政治风险联系起来,指出"政治进程或跨国公司与东道国政府之间的谈判可能通过政治利益集团参与的社会建设直接或间接地影响企业的合法性";Luo(2001)研究表明,跨国公司可以通过值得信赖的行为、社会资本和对东道国经营活动中宝贵而罕见的资源进行投资,从而建立在东道国政府眼中的合法性，进而降低其政治风险；Henisz 和 Zelner（2005）研究发现，跨国企业在东道国经营时间的长短将会影响其在东道国的合法性，跨国企业在东道国经营时间越长，则越有可能帮助跨国企业在东道国环境中建立合法性和接受度，从而也将有利于降低跨国企业在东道国所面临的政治风险。也就是说，跨国企业在东道国所面临的政治风险可能会随着在其在东道国经营活动的合法性的增加而降低。但与在东道国经营期间专注构建合法性的跨国企业相比较，那些在东道国经营活动期间专注于建立权力而不是构建合法性的跨国企业将面临更高的政治风险。此外，还有部分相关学者也认为政府越来越多地关注跨国企业在东道国的属性和活动，东道国政府往往会评估跨国企业的经营活动是否符合东道国政府及东道国社会长期经济、政治和社会的目标（Henisz & Zelner，2005）。当跨国企业的经营活动与东道国政府及东道国社会的长期经济、政治和社会的目标相一致时，东道国政府将会更认可这些跨国企业（Kostova & Zaheer，1999；Marquis & Qian，2014；Suchman，1995），这些跨国企业在东道国的经营活动也将面临较低的政治风险。虽然这些研究深入刻画了合法性与政治风险的关系，但这些研究侧重对合法性与政治风险的关系进行静态描述，对合法性如何影响政治风险并未进行深入的研究。因此，现有关于合法性与政治风险关系的研究亟待进行更深刻的分析与探讨。

另一方面，引入合法性视角来分析政治风险的动态演化具有可行性。在合法性与政治风险具有密切关系的基础上，Stevens 等（2016）提出了政治风险的合法性基础观（Legitimacy-based View of Political Risk，LBV）。他认为合法性是海外投资企业在东道国面临政治风险大小的关键因素，政治风险的大小取决于海外投资企业在东道国合法性的大小。且根据田志龙等（2014）及相关学者的观点，合法性并非一个静态的变量，而是一个连续性的变量。因此，基于政治风险的合法性基础观和合法性连续观，本书有理由认为，从合法性视角探讨海外投资政治风险的动态演化具有可行性。

（3）海外投资政治风险的演化。

政治风险的合法性基础观认为在东道国的合法性大小决定了企业面临政治风险的大小。但根据相关学者的研究，合法性并非点变量，而是连续变量（Tost，

2011；陈扬等，2012）。田志龙等（2014）更是利用纵向多案例研究探讨了企业社区参与不同阶段合法性累积增加的过程，证实了合法性是一个连续变量的观点。由此可见，海外投资政治风险也可以看作一个不断动态演化的过程。Busse 和 Hefeker（2007）及 Kesternich 和 Schnitzer（2010）也指出政治风险是随着制度环境的变化而不断变化的。

因此，虽然现有研究鲜有关注海外投资政治风险演化，但根据相关研究，本研究认为可以从以下两个观点来分析海外投资政治风险的演化。首先，阶段观，即根据时点或关键事件将政治风险分为不同阶段。根据学者们对事件发生与发展过程的认识和总结，风险能量会随着事件的发生与影响而不断积累。因此，根据事件的发展过程，政治风险可以分为酝酿期、外显及破坏期和平息期等不同阶段。其次，连续观，即认为政治风险是由一些要素构成且这些要素时刻都在变化，引发政治风险的动态变化。

4.2.2 分析框架

基于以上分析，本研究构建了一个关于中国企业海外投资主体行为政治风险演化的研究框架（见图4-1）。本研究希望通过对莱比塘铜矿项目的纵向案例研究，考察中国企业海外投资主体行为政治风险演化过程中合法性的特征；然后，根据合法性特征洞察中国企业海外投资主体行为政治风险的演化过程。本研究将具体回答两个问题：第一，合法性和海外投资主体行为政治风险演化的关系；第二，构建海外投资主体行为政治风险演化的过程模型。

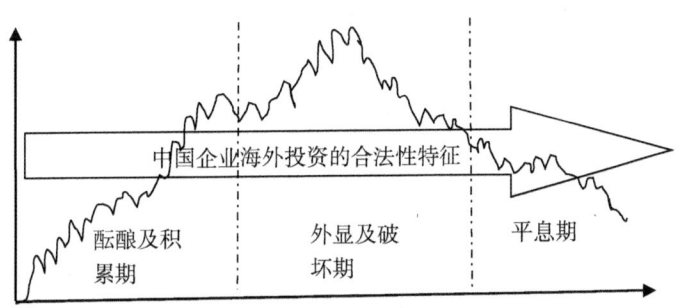

图4-1 中国企业海外投资主体行为政治风险演化研究的分析框架

4.3 研究设计

4.3.1 研究方法

本研究主要以万宝矿产有限公司(以下称"万宝")在缅甸投资的莱比塘铜矿项目为研究对象进行纵向单案例分析,主要原因如下:首先,Yin(2013)指出,当现有相关研究并没有深入探讨所需研究问题时,探索性单案例研究方法可以帮助研究者对某一特定现象或问题进行深入剖析。基于相关文献的梳理可知,现有文献缺乏政治风险演化过程的探讨,本研究问题仍然属于探索性研究的范畴,需要遵循探索性研究范式。其次,本研究的主要内容是从动态的视角去呈现海外投资主体行为政治风险的动态演化过程,而纵向单案例有助于在纵向的过程中发现与提炼现象的规律(Eisenhardt,1989)。因此,本研究采用纵向单案例研究方法。

4.3.2 案例对象选择

本研究遵循"理论抽样"的原则,选取了万宝在缅甸投资的莱比塘铜矿项目作为案例研究对象,原因有以下三点:第一,典型性。相较于中国企业其他的海外投资项目,莱比塘铜矿项目前期因遭遇多方利益相关者抵制行为引致的政治风险而停工,后又在多方的共同努力后成功重启。第二,内容适配性。受到缅甸民主转型及缅甸政治利益集团政治化抵制的影响,莱比塘铜矿项目命运多舛。这种坎坷的开发经历和投资方与重重阻碍势力相抗衡的过程为海外投资政治风险演化过程的研究提供了丰富的素材。第三,数据易获取性。莱比塘铜矿项目是我国海外投资"一带一路"标志性示范项目之一,修建时间跨度较长,相关数据比较完整,有利于构建比较完整的过程模型。

4.3.3 案例项目简介

莱比塘铜矿项目位于缅甸联邦西北部实皆省南部蒙育瓦镇,由万宝(中国北方工业公司的全资二级子公司)和缅甸经济控股公司(UMEHL)共同合作投资开发。该项目正式开工于2011年3月,按照原计划,万宝公司应该在2015年前完成该项目的建设,并于 2016 年达到投产条件。但由于缅甸各方的反对,该项目的实施进度比较缓慢,且期间经历了停工、复工、再停工、再复工的窘境。最终,在投资方、中国政府与缅甸政府、缅甸相关 NGO 及其他社会组织的共同努力之下,该项目最终于 2015 年 2 月 2 日全面复工。2016 年 3 月,莱比塘铜矿项目已基本建成并且顺利投产出首批阴极铜(莱比塘铜矿项目关键事件见表4-1)。

表 4-1　　　　　　　　　　莱比塘铜矿项目关键事件

2010.6.3	在中缅两国总理见证下,项目产品分成合同正式签署
2012.3.20	莱比塘铜矿项目举行奠基仪式
2012.6.4	莱比塘铜矿项目部接到业主方万宝矿产及缅甸经控公司通知,莱比塘铜矿项目因故全面停工
2012.7.11	项目部部分设备转战 S&K 矿进行采剥作业
2012.11	因大量村民、学生和僧侣的抗议,项目被迫停工,后复工
2012.11.18	当地居民再次针对铜矿项目进行大规模抗议,项目再次被迫全部中断
2012.12.2	缅甸总统任命了一个由 30 人组成的委员会调查莱比塘铜矿,昂山素季担任调查委员会主席
2013.3.11	铜矿项目调查委员会向总统提交最终调查报告。报告支持莱比塘铜矿项目继续实施,但需要采取建议的改进措施
2013.7.24	根据新的补充协议,莱比塘铜矿项目合作方由之前的两方改为三方
2013.10.3	莱比塘铜矿项目再次低调复工
2014.3	在获得缅甸政府批准后,万宝公司为项目修筑围栏,遭村民抗议
2014.4	工地发生了几起小规模冲突,导致 15 名警察和 3 名抗议者受伤,另有 3 人被捕
2014.5	部分村民甚至绑架了 2 名万宝公司的员工长达 30 个小时
2014.12.22	莱比塘铜矿项目再度被当地村民大规模阻拦,莱比塘铜矿再次停工
2014.12.25	中国外交部发言人华春莹称,对村民伤亡深表遗憾,希望事件得到妥善处理
2015.15	莱比塘计划落实委员会发表新闻公报
2015.2.2	据中国《人民日报》报道,莱比塘铜矿项目再次全面复工

4.3.4 数据收集及编码

（1）数据收集。

本研究内容的相关数据主要来源于四个方面：

来源一：企业官方网站。企业官方网站提供了企业及项目实施的基本介绍、项目的发展历程、企业年报、项目相关社会责任、企业及项目新闻等基本信息。因此，本研究特别关注了中国北方工业公司和万宝集团的官方网站。

来源二：东道国和中国主流媒体对案例项目的相关新闻报道。东道国媒体的选择标准如下：第一，该媒体包含互联网在线网站，便于检索不同时间跨度的新闻报道；第二，权威性高、影响范围广泛的东道国主流媒体（本案例选取的东道国媒体主要为《缅甸民主之声》）。通过《缅甸民主之声》网站的搜索引擎，以"Letpadaung copper mining"为关键词进行搜索，通过阅读新闻标题的方式剔除与研究主题不相关的新闻。同时，本研究使用百度搜索引擎搜索中国媒体新闻报道，以"莱比塘铜矿"为关键词进行搜索，通过浏览新闻标题，剔除与研究内容切题较少的新闻。

来源三：网络上的视频资料。通过百度视频搜索引擎收集与莱比塘铜矿案例相关的资料，通过剔除与研究主题不相关的视频，将相关视频的语音内容转化为word文档。

来源四：通过中国知网和谷歌学术，以"莱比塘铜矿"为关键词进行搜索，采取浏览标题和摘要的方式对文献进行筛选。

（2）数据分析与编码。

本研究的核心问题是通过引入合法性变量进而推导出海外投资主体行为政治风险的演化过程模型。本研究主要采用内容分析法对所收集到的数据进行分析和编码，其基本步骤如下：首先，将整理好的案例数据分发给研究团队中的2名成员，让其在通读相关资料的基础上再分别独立进行编码。为了保证编码的信效度，本研究最终选取进入条目库的条目必须有明确的含义，且相关研究问题中设计的核心变量必须具有高度的相关性。然后，研究小组中的两位成员对已经汇总的数据资料按照案例项目政治风险的历程阶段进行划分，形成二级条目库。接着，按照合法性的不同维度及主体行为政治风险的含义对二级条目库中的条目进行二级编码。在相关数据的分析与编码过程中，对于两位编码者存在不同意见的条目，经过团队人员商量后若能达成一致，条目就被就挑选入条目库。若是经过商量后的条目最终还是不能达成一致，则该条目将被剔除。这样一来，既可以保证相关条目的信效度，有可以保证后续研究的进行。

4.3.5 案例项目政治风险阶段划分

基于以上关于海外投资主体行为政治风险演化的分析及案例项目实际情况，本研究将案例项目的主体行为政治风险阶段划分为酝酿及积累期、外显及破坏期和平息期。其中，区分前两个阶段的关键是 2012 年 11 月 18 日，当地居民再次针对铜矿项目进行大规模抗议，项目再次被迫全部中断。区分后两个阶段的关键事件是 2014 年 12 月 22 日，项目再度被当地村民大规模阻拦，被迫再次停工。

酝酿及积累期(2010 年 6 月至 2012 年 11 月)。在此阶段，中国投资方主要依靠缅甸政府对案例项目进行垄断式开发，致使东道国利益相关者对案例项目存在诸多误解和不认可。这些误解和不认可是推动主体行为政治风险能量积累的重要因素，为事态升级埋下了隐患。

外显及破坏期(2012 年 12 月至 2014 年 12 月)。在主体行为政治风险外显及破坏期，案例项目在整体上深陷"塔西佗陷阱"，即不管投资方及项目方说什么、做什么、怎么说、怎么做都备受公众及媒体质疑。东道国社会针对案例项目的游行示威、武装斗争、暴力对抗、宗教矛盾冲突、诉求极端化等反对项目和投资方的政治不确定性事件和活动也不断增加，原来小尺度的区域性事件逐渐演变为全国性的大事件。

平息期(2014 年 12 月至今)。在主体行为政治风险平息期，投资方积极的社会责任与社会公益行为契合了东道国利益相关者的价值观及道德规范。由此，东道国各利益相关者逐渐认可和接受案例项目，从而使案例项目在东道国的合法性逐渐提升。随着案例项目在东道国合法性的重建，案例项目在东道国所面临的政治不确定性事件及活动逐渐下降，进而保障了项目的顺利运营。由此，案例项目在东道国所面临的主体行为政治风险得以缓和。

4.3.6 构念测度

基于以上对合法性相关理论的梳理，本研究主要采用 Scott(1995)、

Tornikoski（2007）、Certo（2007）等相关学者的研究结论，将合法性的测量维度划分为规制合法性、规范合法性、认知合法性三个维度，并从这三个维度来测量合法性。其中，规制合法性的大小主要利用海外投资项目获得东道国政府、专业机构、行业协会等的认可程度来衡量；规范合法性的大小主要利用海外投资项目是否符合东道国社会价值观、道德规范、职业标准和惯例传统的程度来测量；认知合法性的大小主要利用海外投资项目被东道国群众广为接受、获得公众信任与支持的程度进行测量。

关于海外投资主体行为政治风险的测量，本研究根据第1章中的海外投资主体行为政治风险的含义，借助发生在东道国且直接或间接地对海外投资产生重大而消极影响的社会政治性事件的范围、行为或进程等程度作为评判主体行为政治风险大小的依据。例如，借助政治势力干预程度、不确定性政治事件及活动的范围、政治限制及歧视程度等来衡量海外投资在东道国主体行为政治风险的大小（构念编码及测量关键词见表4-2）。

表4-2　　构念测量关键词及编码统计结果

构念	测度变量	内涵及关键词	有效编码数目			合计
			酝酿及积累期	外显及破坏期	平息期	
合法性	规制合法性	获得缅甸政府、专业机构、行业协会等的肯定（如遵循相关机构的法律法规、资质认定，签署相关协议）	51	32	43	126
	规范合法性	符合缅甸社会价值观、道德规范、职业标准和惯例传统（如宗教信仰）	49	36	85	170
	认知合法性	被缅甸群众广为接受，获得公众的信任与支持（如政府、群众、NGO及媒体支持等）	49	78	89	216
主体行为政治风险		直接或间接地对案例项目产生重大而消极影响的社会政治性事件、行为或特征等（如政治限制及歧视、污名、示威游行、中国威胁论、暴力冲突、宗教矛盾、联合抵制、罢工破坏等）	76	116	36	228
合计			225	262	253	740

因此，在确定了相关构念测量的基础上，并根据以上分析编码的过程及原则，本研究最终共获得合法性条目 740 条。其中，政治风险酝酿及积累期的相关条目为 225 条，政治风险外显及破坏期的相关条目为 262 条，政治风险平息期的相关条目为 253 条。

4.4 案例发现

4.4.1 酝酿及积累期的合法性与主体行为政治风险特征

主体行为政治风险特征。根据编码结果（见表 4-3）可知，投资方在此阶段主要利用缅甸政府"强中介"的作用与缅甸其他利益相关者进行沟通与交流，导致案例项目在东道国社会的透明度比较低。由此，缅甸部分政治利益集团及群众对案例项目存在严重的质疑与误解等。缅甸部分政治利益集团及群众对案例项目的这种认知冲突具体来源于两个方面：一方面，这种认知冲突来源于投资企业背后的政府身份。缅甸群众普遍对军方有着强烈的不满，而该项目的缅方合资方又属于军方下属的公司，故缅甸反对派和反政府人士认为中国投资方和缅甸政府存在利益输送。另一方面，缅甸利益相关者对项目的认知冲突来源于中国企业所存在的负面刻板印象。同时，投资方依靠缅甸政府进行开发，导致投资方与缅甸其他利益相关者的沟通与交流不足，从而使缅甸部分政治利益集团和群众一开始就对项目及投资方存在多方面的误解和愤怒。相关资料显示，缅甸其他民众往往提出许多与该项目不相干的政治诉求。

"从 2012 年 6 月开始，当地村民不断抗议和阻止项目工程建设。6 月 2 日，村民围堵矿区营地主大门，要求项目停工。"

规制合法性。编码结果显示，此阶段，案例项目在东道国的规制合法性较高。莱比塘铜矿项目是在中缅两国政府大力支持下而合作开发的项目。事实上，不仅中国投资方和缅甸投资企业签订了相关协议，且两国政府就案例开发也签订了相关投资协议，同时，中国投资方和和缅甸政府也签署了相关协议及协商项目开发事宜。因此，在案例开发过程中，中国投资方严格遵守了国际及缅甸的法律与规章制度。总体上，在案例开发的此阶段，案例项目在东道国的规制合法性较高。如相关资料显示，中方在使用缅甸的土地时是得到缅甸政府审批的，且取得了相应的土地租赁许可证。

表 4-3　　　　　　　酝酿及积累期的编码结果及典型引用语示例

	典型引用语举例	编码结果
政治风险	铜矿开工前后，不少村民游行反对，其后，一些激进者更堵塞矿区工地，并和政府军警发生冲突，项目施工不得不停止。由于工程停工当时估计每月损失高达 200 美元； 从 2012 年 6 月开始，当地村民不断抗议和阻止项目工程建设。6 月 2 日，村民围堵矿区营地主大门，要求项目停工； 2012 年 11 月 18 日起，数百名当地农民、僧侣和维权人士进入莱比塘铜矿作业区抗议，一些抗议者开始提出与项目无关的政治要求	冲突/矛盾/质疑/限制/歧视/小规模的抵制
规制合法性	莱比塘项目面积有 7867.78 英亩，2010 年 3 月 5 日取得矿业部许可证(0003—2010)，可以进行大规模金属矿山开采，还取得自 2012 年 9 月开始共计 60 年的土地租赁许可； 中方投资在使用土地时，土地补偿标准由当地政府确定并经缅甸高层审批通过； 莱比塘铜矿项目区限制区，是依据 1953 年田地收归国有法从缅甸和平与发展委员会执政时期至今实施 144 条例的。144 条例是由查灵吉镇区综合管理处处长宣布	遵循法律法规/行业标准国际规制/资质认定/审批通过
规范合法性	项目公司大规模征地造成大量失地村民，而受影响的村民却没有获得合适的工作机会； 莱比塘铜矿距离附近村庄非常近，方圆 5 公里内有 30 多个村庄，很多村民担心铜矿开发会破坏当地生态环境，带来空气污染、水污染等	透明度低/就业率低/环境污染/拆迁补偿不到位
认知合法性	从蒙育瓦镇外面涌进来的一些人抗议铜矿污染环境，事实上他们并不了解这个项目； 在事件中，缅甸人把积存已久的所有愤怒都对准了这一项目	群众/NGO 误解、愤怒/不认可/不接受

"莱比塘项目面积有 7867.78 英亩，2010 年 3 月 5 日取得矿业部许可证 (0003—2010)，可以进行大规模金属矿山开采，还取得自 2012 年 9 月开始共计

60 年的土地租赁许可。"

规范合法性。编码结果显示，案例项目此阶段的规范合法性较低。首先，案例项目的开发确实存在某种程度上的环境破坏及文化破坏，这一点违背了缅甸社会的道德规范和社会价值观。如关于寺庙佛塔搬迁的问题，当地人认为项目的实施破坏了其宗教文化。其次，缅甸群众普遍对军方有着强烈的不满，而该项目的缅方合资方面又属于军方下属的公司，故缅甸反对派和反政府人士认为项目的实施不利于经济和社会的发展。因此，在此阶段，案例项目在东道国的规范合法性总体上比较低。

"莱比塘铜矿距离附近村庄非常近，方圆 5 公里内有 30 多个村庄，很多村民担心铜矿开发会破坏当地生态环境，带来空气污染、水污染等。"

认知合法性。编码结果显示，项目此阶段的认知合法性较低。首先，缅甸群众对中国投资企业负面的刻板印象及缅甸媒体和 NGO 对项目的污名化导致案例项目不被缅甸群众所认可。其次，中国投资方主要依靠缅甸政府对项目进行开发，忽视与缅甸东道国其他利益相关者之间的沟通与交流，不仅没能倾听缅甸民众的声音，对民众的猜疑和愤怒也不进行澄清，由此导致缅甸群众对案例项目存在多方面的误解和猜疑。如相关资料显示，缅甸人民之所以反对该项目，主要原因是他们对缅甸政府心怀怨恨，但他们又不能将矛盾直指政府，所以将矛盾转化到案例项目。

4.4.2 外显及破坏期的合法性与主体行为政治风险特征

主体行为政治风险特征。编码结果（表 4-4）显示，此阶段案例项目政治风险能量得以释放，项目面临着严重的政治风险，主要表现在：投资方失去了主动权与控制权，在缅甸四分五裂的制度环境中逐渐被边缘化。同时，缅甸利益相关者针对项目的游行示威、武装斗争、暴力对抗、宗教矛盾冲突、诉求极端化等政治不确定性事件和活动不断增加，原来小尺度的区域性事件逐渐演变为全国性的政治大事件，且项目被迫停工的损失也在不断增加。相关资料显示，缅甸大量民众、学生及僧侣联合外部反案例项目的成员开始组成抵抗案例项目联盟，不仅掀起了缅甸人民反对莱比塘铜矿项目实施的第二次高潮，也不断推动了抗议活动的蔓延。在愈演愈烈的抗议活动及事件的爆发后，案例项目最终又一次被迫全面停工。

"抗议者们提出的目标和诉求包括一些不理智的政治口号,整个事件已经被彻底政治化。"

规制合法性。编码结果显示,此阶段案例项目在东道国的规制合法性严重下滑,主要表现在两个方面:第一,缅甸政府介入干预案例项目,如缅甸政府于2012年12月任命昂山素季为主席组成独立调查委员会调查项目。第二,缅甸群众不仅质疑项目的环评报告,对项目投资方与缅甸签署合同的合法性也提出反对。

AI 的全球事务主管高兰(Audrey Gaughran)说,由万宝公司在当地的子公司委托设立的 ESIA 具有"重大缺陷"。

规范合法性。编码结果显示,此阶段案例项目的规范合法性非常低。缅甸相关利益方(群众、NGO、新闻媒体等)一致认为项目的实施给缅甸社会带来了威胁,而投资方和缅甸政府对缅甸利益相关者的猜疑和愤怒也没有适当地进行澄清,使他们对项目的误解、质疑升级,故对该项目的游行示威、暴力对抗等反对项目和投资方的政治不确定性活动不断增加。有相关人员指出,虽然政府组建了执行委员会,但执行委员会并没有按照报告执行,且除了发放赔偿工作之外,在其他方面毫无作为,对群众毫无实质性的帮助。因此,群众只能靠自己,自己采取行动以实现自己的诉求。

"莱比塘铜矿一直受到当地社区的持续批评,指责它造成了广泛的环境破坏。"

认知合法性。编码结果显示,项目此阶段的认知合法性出现悬崖式的下跌,具体表现在以下三个方面。第一,缅甸群众大规模反对项目的实施,游行示威、暴力对抗等反对项目和投资方的政治不确定性活动不断增加。《缅甸民主之声》2013年7月8日报道指出"约200名当地民众从栋育瓦步行5英里进行示威要求停止莱比塘铜矿项目"。第二,项目被极度污名化和妖魔化,深陷舆论漩涡。缅甸媒体和NGO对项目"破坏耕地、污染水源、亵渎佛教寺院"的大肆污名化妖魔化及"中国威胁论"不仅让群众感知到项目对民生、安全、环境等方面的威胁,同时还让缅甸群众认为项目的实施是中国企业对缅甸资源的掠夺,但实际上许多抵制人员是外部人员,他们包括当地民众对该项目的了解并不透彻。不仅如此,投资方及政府也并没有向相关民众清楚地解释土地、赔偿等事宜，导致外部民众对项目方的误解颇深。第三，群众诉求极端化，集群化参与反对项目。甚至有民众直接表示，完全不接受执行委员会的报告，不论政府和投资方做什么，其诉求就是停止该项目的实施。

吴登盛说："万宝公司与被搬迁村民的沟通协商明显不够，甚至被忽略了。"

表 4-4　　外显及破坏期的典型引用语示例及编码结果

	典型引用语举例	编码结果
政治风险	2012年12月2日，缅甸总统任命了一个由30人组成的委员会调查莱比塘铜矿，昂山素季担任调查委员会主席； 随着外部政治势力的介入，它已经不是一个单纯的经济事件，抗议者提出的目标和诉求包括一些不理智的政治口号，整个事件已经被彻底政治化	政府干预增加/集群化参与/政府违约/抗议、游行示威增加/政治化抵制
规制合法性	"国家与经济控股公司之间、经济控股公司与中国万宝公司（缅甸）之间、万宝与当地民众之间在投资中所签署的合同存在不合法的地方，合同一开始时就是无效的"； AI的全球事务主管高兰（Audrey Gaughran）说，由万宝公司在当地的子公司委托设立的 ESIA 具有"重大缺陷"	环评结果遭质疑/合同合法性遭质疑/资质遭质疑
规范合法性	莱比塘铜矿一直受到当地社区的持续批评，指责它造成了广泛的环境破坏； 虽然跟莱比塘铜矿项目没有直接的关联，位于甘宫村附近的经控公司硫酸厂没有得到工业部的许可，也没有环保方面的 ISO 证书	不负责任/报告不详尽/环境污染严重/破坏宗教信仰
认知合法性	吴登盛说："万宝公司与被搬迁村民的沟通协商明显不够，甚至被忽略了"； "实际上抗议的人多数是从蒙育瓦镇外面来的一些人，他们并不了解这个项目。"缅甸工人多多对记者说； 在进行金钱赔偿时，透明度有所不足，没有清楚地向获得信息少的村民解释征用土地、赔偿等事宜。在赔偿金签约合同上，写着放弃地皮与获得赔偿金，有关表述先后矛盾	群众/NGO/政府不支持/深陷舆论漩涡/项目被妖魔化

4.4.3 平息期的合法性与主体行为政治风险特征

主体行为政治风险特征。编码结果(见表4-5)显示,由于万宝公司积极构建与缅甸各利益相关者"命运共同体"的行为与实践取得了较好的效果,案例项目在此阶段面临的政治风险得以缓和。主要表现在:缅甸各利益相关方针对项目游行示威等政治不确定性事件的数量减少、规模缩小。同时,缅甸政府及政治利益集团对项目的政治势力干预行为也减少。如相关资料显示,在此阶段,群众反对项目的声音逐渐减弱,针对项目的不确定性事件及活动也逐渐减少。同时,投资方的部分工作也取得了相当的成果,不仅安定了周边群众的情绪,还将他们纳入了利益共享的"命运共同体"。

规制合法性。编码结果显示,与政治风险外显及破坏期相比较,案例项目在东道国的规制合法性在此阶段有显著的提升。这一阶段,中国投资方与缅甸政府重新签订了相关协议,并按照调查委员会相关建议进行整改。由此,此阶段案例项目的规制合法性较高。如相关证据表明,莱比塘计划落实委员会发表新闻公报,20点声明用事实阐述了计划落实的每一个环节和过程。相关资料显示,此阶段项目方的相关资料明确表明项目方积极的按照执行委员会的调查报告整改。如吴丁敏(执行委员会秘书长)于2015年1月8日的新闻发布会上表示,对于报告中提出的42条整改意见,已经完全落实了29条。

"审批函明确指出,项目环评报告'完全符合法律规定,可以执行',这份3249页的报告从编制、审查到获得批准历经20个月,经过13次大型技术研讨会讨论。"

规范合法性。编码结果显示,此阶段案例项目重获了在东道国的规范合法性。一方面,投资方以透明和公开来反击来自各方的干扰,利用媒体战略、公众战略,不仅宣传双赢的理念,争取舆论信任,还公布了项目核心的利润分成比例。另一方面,投资方积极促进与缅甸民间的公共关系,履行社会责任和社会公益活动,试图重塑投资方良好的组织形象。相关资料显示,项目方为了当地村民着想,不仅每年拿出一笔巨大的资金区发展当地经济和保护当地环境,同时,还雇用当地员工,增加当地的就业,这样不仅保障了当地村民的基本生活,还为他们创造了利益。这样一来,当地村民的质疑与误解得以消除,投资方的各项经营活动得到了村民和政府的充分认可和支持。

认知合法性。编码结果显示，此阶段项目在东道国认知合法性的重构重建主要体现在项目重新获得了缅甸群众、政府及 NGO 的支持。通过投资方实施的一系列帮扶政策，案例项目在东道国实施的计划终于取得了当地村民的理解。如相关资料显示，万宝公司不仅出资为搬迁村民建起了新村、通上了水电，还为帮助村民就业，扶持建立起运输队、建筑队、水泥厂、预制板厂、养殖场和打井队等一系列小微企业项目，帮助失地村民改变过去以农耕为主的生活方式，让他们获得新的谋生渠道。同时，项目投资方还为一些老村民提供全方位的服务，这样一来，投资方及项目方赢得了口碑，案例项目也逐渐获取了当地村民及政府对其的信任。

表 4-5　　　　　　　平息期的典型引用语示例及编码结果

	典型引用语举例	编码结果
政治风险	万宝公司党委书记罗大庆说："一个明显趋势是，反对声音越来越小，支持力量越来越大，2012 年的游行队伍有好几千人，2014 年 12 月那次游行，参加的只有不到 200 人"； 罗大庆表示，"找到饭碗，收到诚意"极大安定了周边村民的情绪，同时也增强了村民对万宝公司的信任，甚至有了"命运共同体"的感觉，外部势力目前很难再鼓动起像样的反对铜矿的游行示威	政府干预减少/抗议/游行示威活动数量减少、规模缩小
规制合法性	调查报告执行委员会秘书长吴丁敏在 2015 年 1 月 8 日的新闻发布会上表示，调查委员会共有 42 项整改建议，已落实 29 项，另外 13 项均正在落实中； 审批函明确指出，项目环评报告"完全符合法律规定，可以执行"，这份 3249 页的报告从编制、审查到获得批准历经 20 个月，经过 13 次大型技术研讨会讨论	重新签署协议/落实相关计划/按协议进行整改/
规范合法性	截至 2017 年 4 月底，莱比塘铜矿雇用缅籍员工 3449 人，占员工总数的 87%。像养鸡场，除了几名中国员工，其他 50 多人都是当地村民，而且利润都归他们所有，铜矿不拿一分； 公司坚持在社区帮扶和社区发展（CSD）计划中施行"村民参与、公司主导、政府监督"的三位一体运作机制，保证各项活动得到村民和政府的充分认可和支持	履行社会责任/参加社会公益活动/提升投资透明化/主动回应质疑

续表

	典型引用语举例	编码结果
认知合法性	公司专门定下日期把服务送到村里，信息审核、银行开户、发放补助金存折的一条龙服务，让许多这辈子也没用过存折的老村民第一次"尝鲜"，赢得了口碑，也带来了信任； 为莱比塘铜矿做采石工作的缅甸蒙育瓦镇莫久炳村村民玛敏敏埃满面春风地说："莱比塘铜矿让我们日子好起来。"	群众支/NGO支持/政府支持/获取信任与口碑

4.5 研究讨论与结论

基于以上关于莱比塘铜矿项目主体行为政治风险演化各阶段主体行为政治风险特征及合法性特征的分析，本部分进一步探讨了海外投资的合法性与主体行为政治风险演化的关系。然后，基于相关分析，本研究进一步构建基于合法性视角的中国企业海外投资主体行为政治风险的演化过程模型，进而得出相关结论。

4.5.1 研究讨论

(1) 合法性与海外投资主体行为政治风险演化的关系。

阶段1：认知冲突推动利益相关者对海外投资非理性负面态度的形成。

在政治风险酝酿及积累期，认知合法性的缺失是推动政治风险能量积累的重要因素。认知合法性来源于外部对其的认可，只有当企业的价值观与外部环境保持一致的情况下，企业及其经营活动行为才能被外界认可，它才具备认知合法性(Scott，2008)。而海外投资项目在"走出去"伊始，由于来源国效应及对东道国利益相关者对投资方刻板印象的影响，东道国利益相关者对投资方及海外投资项目存在严重的认知冲突，他们认为海外投资项目的实施行为是中国政府追求政治目的或带有政治动机的国家战略行为(Yeung & Liu，2008；Olstad & Wiig，2012)。东道国利益相关者的这些认知心理与项目现实情境中某些方面的风险(如环保风险)发生交互作用，从而增强了东道国利益相关者对威胁的感知，进而导致利益相关者针对投资项目采取某些抵制行为而给海外投资项目带来了新的风险。由此，这些风险后果往往可能会导致更重大的间接影响，如对政府制度丧失信心等。

认知冲突推动利益相关者对海外投资非理性负面态度的形成过程如下：东道国利益相关者对投资方及海外投资的认知冲突导致海外投资在一开始就被东道国利益相关者质疑。随着时间的推移，东道国利益相关者了解了更多的关于海外投资项目的信息，特别是负面的信息。再加上东道国某些别有用心的利益相关者及其他组织大肆宣扬投资方及海外投资的负面消息，使得东道国利益相关者对海外投资的负面认知冲突加剧。面对负面信息的强烈冲击，东道国大多数利益相关者及群众对海外投资出现恐慌心理，进而促进东道国社会骚动的广泛出现。而这些社会骚动却没有得到相关方及时的澄清和解释，于是其他非正式、非传统的渠道便成为东道国利益相关者的选择，进而导致各式谣言被催生。这些谣言传播着海外投资实施带来的各种威胁，海外投资逐渐被妖魔化，进而导致东道国利益相关者对海外投资形成了集体非理性的负面态度。这就是因认知冲突凸显而引起的政治风险能量积累。

阶段2：合法性危机加速利益相关者针对海外投资非理性政治对抗事件及行为的扩散。

合法性危机加速政治风险能量的释放。主要原因有以下三个方面：①规制合法性的缺失带来的直接后果是让原来海外投资项目在东道国的支持度和认可度下降，而东道国拥有的强大资源及力量不仅会影响海外投资企业在东道国的经营活动，在某种程度上更是海外投资企业在东道国地区进行经营活动的关键政策制定者。一旦海外投资在东道国的规制合法性危机产生，东道国政府就会动用外贸、财政、经济保护主义等政策，甚至不惜更改法律法规以限制跨国企业的经营，海外投资项目面临的东道国政府政治势力干预风险就越高（Stevens et al., 2016）。②规范合法性的悬崖式下降导致投资项目深陷由多个利益相关者卷入而所造成的大量的、持续的冲突之中，进而使投资面临的由于多方政治利益集团政治竞争介入而形成的政治约束风险逐渐凸显。同时，根据 Salomon 和 Wu（2012）的观点，若跨国企业失去了周围制度环境的认可和支持，同时也将会失去东道国利益相关者的支持与信任。③根据制度理论，认知合法性对利益相关者是否认可、在何种程度上认可对海外投资起到了决定性作用（Scott, 2008）。认知合法性危机造成东道国具有权威性的组织（如 NGO、媒体等）纷纷成为负面消息传播的中介，随着负面消息的影响力与权威性程度加强,海外投资的利益相关者的决策行为深受影响,进而可能开始出现严重的偏差。

合法性危机加速利益相关者针对投资非理性政治对抗事件及行为的扩散的过程如下:在上一阶段,东道国利益相关者已经对海外投资项目形成了一种非理性的负面态度。随着海外投资在东道国的规制、规范和认知合法性悬崖式的下降,投资方及投资项目进一步深陷"塔西佗陷阱"。随着负面评价和谣言的再次升级,东道国利益相关者的非理性负面态度也进一步演化为非理性对抗行动,即针对海外投资的游行示威、武装斗争、暴力对抗等反对项目和投资方的政治不确定性事件和活动不断增加,并成为政治暴力风险产生的催化剂。换言之,政治风险能量的释放是投资项目合法性危机发生后导致的东道国利益相关者针对海外投资的负面态度到非理性对抗行为的过程。

阶段3:合法性重构调整利益相关者针对海外投资政治对抗事件及行为的平稳。

合法性的重构调整政治风险能量的平稳。在此阶段,投资方积极且主动采取了合法化战略来改善海外投资在东道国制度环境中的生存前景。投资方通过提供被感知到有社会价值的产品或服务等行为重构了海外投资在东道国的合法性,降低了政治风险对其造成的不利影响(Darendeli & Hill,2016)。这在某程度上也验证了 Lie dong 等(2014)及 Hadani 和 Coombs(2015)关于企业的社会责任战略等合法性战略可以降低政治风险的观点。

合法性重构调整利益相关者针对海外投资政治对抗事件及行为的平息的过程如下:上一阶段各利益相关者的非理性对抗性行为的起因是源于事件背后具体的利益动机和权力诉求,利益相关者诉求通过各种途径得以表达后,才会转化为实质性压力(Murillo-Luna et al.,2008)。而投资方及海外投资在东道国合法性战略的实施在某种程度上是对各利益相关者诉求的一种响应,不仅有助于消除谣言带来的负面情绪,还打破了东道国利益相关者对投资方及投资项目旧的认知模式,进而帮助东道国各利益相关者对投资项目建立全新的认知模式。一旦东道国利益相关者理性对待海外投资的实施,非理性对抗海外投资的不确定性政治事件自然减少。相应地,海外投资在东道国面临的政治风险得以缓和。

(2)海外投资主体行为政治风险演化的过程模型。

通过以上对莱比塘铜矿项目合法性与海外投资主体行为政治风险关系的分析，本研究进一步推导了基于合法性视角海外投资主体行为政治风险演化的过程模型，各阶段的特征及结果如图4-2所示。

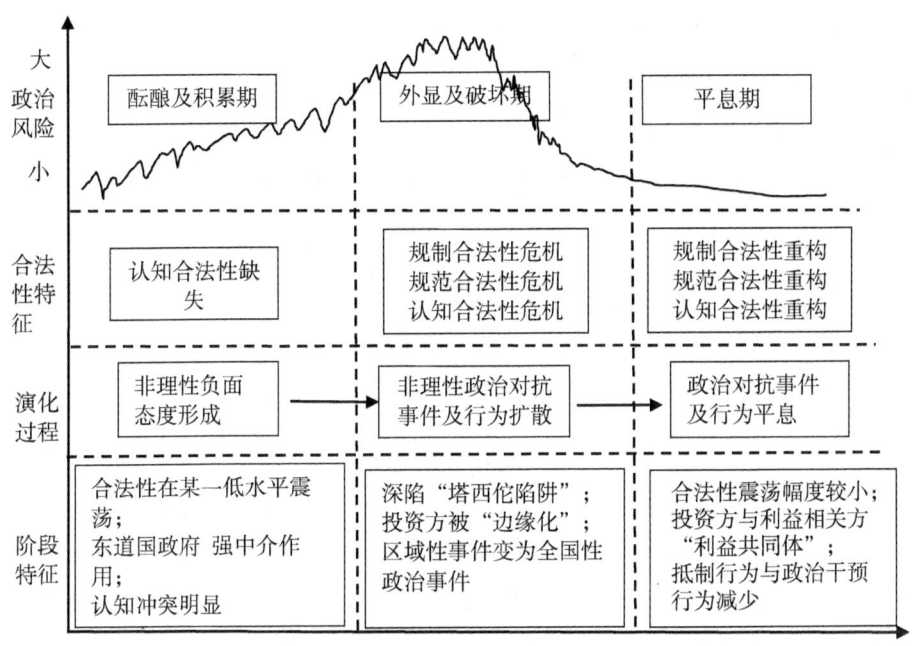

图4-2 合法性视角下中国海外投资主体行为政治风险的演化过程模型

首先，东道国利益相关者对投资方及海外投资的认知冲突导致各种质疑与谣言，从而使利益相关者对海外投资形成非理性的对抗态度，推动了政治风险能量的积累。随着海外投资在东道国全面去合法性的发生，海外投资陷入"塔西佗陷阱"，东道国利益相关者非理性的对抗态度转化为抵制海外投资实施的各种非理性对抗政治行为，加速了风险能量的释放。伴随着投资方符合东道国社会道德规范和价值观行为的实施，东道国利益相关者对投资方和海外投资有了新的认知，他们的负面情绪也得以消散，从而促进了海外投资在东道国合法性的重构，进而缓和了海外投资在东道国的主体行为政治风险。

其次，主体行为政治风险演化的三个阶段具有不同的特征：在主体行为政治风险酝酿及积累期，海外投资在实施过程中强调东道国政府的"强中介"作用，投资方依靠东道国政府对海外投资进行开发，导致东道国利益相关者对海外投资存在严重的误解和质疑。在主体行为政治风险外显及破坏期，利益相关者的非理性负面态度转化为非理性对抗行为，引发政治不确定事件频繁发生，进而导致区域性事件变为全国性事件。且投资方在东道国这种四分五裂的关系中被边缘化，完全失去了控制权和主动权，海外投资项完全沦落为东道国利益相关者博弈的平台。在主体行为政治风险平息期，投资方的合法性战略的实施促进了东道国利益相关者负面情绪的消散和新认知的建立，相应地，海外投资面临的政治不确定性事件与东道国政府干预减少。

第三，基于合法性视角海外投资主体行为政治风险演化的三个阶段中，不同的合法性状态影响的阶段特征也不尽一致。在主体行为政治风险酝酿及积累期，海外投资在东道国的实施符合东道国及国际上的法律法规，因此，海外投资在东道国的规制合法性比较高，故而也得到了东道国政府的大力支持。但规范合法性和认知合法性却仅维持在某一低水平震荡，尤其是认知合法性的缺失是海外投资政治风险爆发的重要隐患。在主体行为政治风险外显及破坏期，海外投资规制合法性、规范合法性、认知合法性出现悬崖式的下跌，海外投资陷入合法性危机，进而导致海外投资面临严重的政治风险。这与 Stevens 等（2016）及 Stevens 和 Nevenham-Kahindi（2017）的观点一致。在主体行为政治风险平息期，通过投资方的积极社会责任等策略，海外投资在东道国的规范合法性、认知合法性得以重构，虽然维持在特定的水平，但震荡幅度较小，海外投资在东道国重新被接受和认可。

4.5.2 研究结论

本研究采用纵向单案例研究法，从合法性视角探究了中国企业海外投资的主体行为政治风险的动态演化，回答了中国企业海外投资主体行为政治风险的动态演化过程。本章主要有以下两个研究结论。

第一，合法性视角下中国海外投资主体行为政治风险的演化过程经历了三个阶段，即利益相关者对海外投资非理性负面态度的形成、利益相关者针对海外投资非理性政治对抗事件及行为的扩散、利益相关者针对海外投资政治对抗事件及行为的平息。其中，在利益相关者对海外投资非理性负面态度的形成阶段，海外投资在东道国的规范合法性和认知合法性维持在某一低水平震荡，东道国利益相关者对海外投资项目认知冲突明显；在利益相关者针对海外投资非理性政治对抗事件及行为的扩散阶段，合法性悬崖式的下降导致海外投资深陷"塔西佗陷阱"，投资方失去了主动权和控制权，且在东道国四分五裂的制度环境中"被边缘化"；在利益相关者针对海外投资的政治对抗事件及行为的平息阶段，海外投资在东道国的合法性维持在相对稳定的水平，且震荡幅度较小。

第二，中国企业海外投资在东道国的合法性在主体行为政治风险演化过程中扮演了重要角色，研究发现：在政治风险酝酿及积累期，海外投资在东道国的认知合法性缺失推动了政治风险能量的积累；在政治风险外显及破坏期，海外投资在东道国的规制合法性、规范合法性、认知合法性危机加速了政治风险能量的释放；在政治风险平息期，海外投资在东道国规制、规范、认知合法性的重构调整了政治风险能量的平稳。

本研究的主要贡献在于：从动态演化视角分析了规制合法性、规范合法性和认知合法性对海外投资政治风险演化的影响。既拓展了 Stevens 等(2016)的政治风险的合法性基础观(LBV)，也为海外投资政治风险研究提供了新的视角。

4.6 本章小结

基于莱比塘铜矿项目的纵向案例研究，本章进一步推导出合法性视角下中国企业海外投资主体行为政治风险的演化过程模型，并提炼了各阶段的合法性与海外投资政治风险特征及结果。研究结果发现，合法性视角下中国企业海外投资主体行为政治风险的演化过程经历了三个阶段：利益相关者对投资项目非理性负面态度的形成、利益相关者针对投资项目非理性政治对抗事件及行为的扩散、利益相关者针对投资项目政治对抗事件及行为的平息。本章在第 3 章关于海外投资主体行为政治风险形成及表现形式的基础上，进一步考察了海外投资主体行为政治风险的演化过程，是对打开海外投资主体行为政治风险演化黑箱等方面研究的一个有益的完善。

第 5 章　海外投资主体行为政治风险的控制

承接第 3 章和第 4 章，本章详细解析研究海外投资主体行为政治风险的控制。本章将从研究问题、理论基础与分析框架、研究设计、案例发现、研究结论五个部分展开，以探讨投资方控制海外投资主体行为政治风险的具体策略。

5.1　本章研究问题

本章的研究问题是探讨投资企业控制海外投资主体行为政治风险的具体策略。通过第 2 章的相关文献梳理发现，一方面，现有相关研究忽视了海外投资在东道国存续和发展期间政治风险的管理。由于现有关于政治风险与海外投资关系的研究集中在投资前期阶段（如投资模式、投资区位选择）（Lu et al.，2014；Blake & Moschieri，2017），导致现有关于海外投资政治风险管理的研究也主要集中在海外投资走出去的前期阶段。事实上，主体行为政治风险不仅影响到海外投资的前期阶段，还是海外投资在东道国存续与发展的重要影响因素（Feinberg & Gupta，2009；Oetzel，2005）。但现有研究忽视了对海外投资在东道国存续和发展期间的主体行为政治风险的管理。另一方面，现有关于海外投资政治风险管理的研究主要集中在国家及行业等宏观层面（Quer et al.，2012；Oliver & Holzinger，2008；Puck et al.，2013；Kingsley et al.，2015）。有部分学者从企业层面探讨了政治风险的管理，证实了组织通过适应东道国的政治环境和政治活动可以有效地管理和减少政治风险（Quer et al.，2012；Puck et al.，2013；Kingsley et al.，2015；Mellahi et al.，2016）。但这些研究主要基于企业不能改变环境只能适应制度环境的基本前提，相关研究结论也主要是组织被动地响应或规避政治风险的策略（Henisz et al.，2010；Jimenez，2010；Jimenez et al.，2014；Slangen & Tulder，

2009；John & Lawtan，2018）。同时，这些研究并没有涉及管理海外投资政治风险的具体策略。也就是说，现有研究并未回答关于针对不同的政治风险，企业应该采取什么样的应对策略的问题

因此，基于以上分析，本研究将选择中国企业在缅甸投资的莱比塘铜矿项目和中缅油气管道项目作为案例研究对象，以探讨中国企业应对海外投资在东道国存续和发展期间主体行为政治风险的具体策略。这两个海外投资项目虽然前期遭遇了较高的政治风险，但投资方进行了有效的风险控制后成功实现目标的情境为本研究问题提供了很好的素材。本研究旨在为中国企业海外投资在东道国存续和发展期间的主体行为政治风险的管理提供理论和实践启示。

5.2 理论基础与分析框架

本部分梳理了关于企业应对海外投资政治风险的相关理论基础，并探讨了目前相关研究的不足。然后在相关理论基础及现有研究不足的基础上提出本研究的分析框架。

5.2.1 理论基础

通过对"海外投资与政治风险管理"的相关文献梳理发现，现有相关研究强调企业被动地适应和屈从制度环境，弱化了企业的能动性（Jiménez et al.，2014）。且现有关于企业对海外投资政治风险管理的研究是比较笼统的，缺乏针对具体政治风险类型的控制策略的研究。因此，为了更好地回答"企业如何应对海外投资主体行为政治风险"这个问题。本部分主要基于制度理论梳理了企业能动性响应海外投资主体行为政治风险的原因及企业响应外部制度压力策略的相关理论基础。

（1）投资企业可以能动性地响应海外投资的主体行为政治风险。

相关理论研究证实海外投资不可避免会遭遇政治风险（Li & Liang，2012；Henisz，2010；Kestenich & Schnitzer，2010；Mocan & Rascke，2016；López-Duarte & Vidal-Suárez，2010），但政治风险并非不可控。也就是说投资企业可以对海外投资风险及主体行为政治风险等进行能动性的响应，主要原因有以下两点。

第一，根据制度理论可知，源于东道国制度环境中各利益相关者行为引致的主体行为政治风险给投资企业造成了实质性的压力，投资企业不得不对海外投资的主体行为政治风险进行响应。其主要原因在于，制度环境对企业的生存和发展构成了一种要求服从的压力，即制度压力(Scott, 2005; Qian & Burritt, 2009)。制度压力是企业生存与发展过程中必须面对的压力，也是企业为了从环境中获取合法性必须遵循的规则和条件。当外部制度环境中对企业一系列的期望和诉求通过各种途径得以表达时，就会转化为对企业的实质性压力(Kassinis & Vafeas, 2006; Shore et al., 2009)。这也就导致企业不得不响应企业的外部制度环境。由此可以推论，由于源于东道国制度环境中各利益相关者行为引致的主体行为政治风险影响了投资企业在东道国的经营活动。因此，投资企业不得不对海外投资的主体行为政治风险进行响应。

第二，投资企业可以能动性地响应海外投资的主体行为政治风险。制度理论指出，企业并不是完全服从于制度环境，企业在一定程度上有行为的自主性，这种行为自主性可以帮助企业将注意力集中在特定问题和解决方法上，做出合乎逻辑的决策，进而改变制度环境(Olive, 1991; Ingram & Simons, 1995; Clemens & Douglas, 2005; Basu & Palazzo, 2008)。也有部分研究结论表示，跨国企业可以通过处理东道国政治利益相关者之间的关系来降低在东道国的政治风险(Kingsley et al., 2015; Mellahi et al., 2016; Mellahi et al., 2016)。基于此，本研究认为投资企业可以能动性地响应海外投资的主体行为政治风险。

(2)企业响应外部制度压力的策略。

现有相关文献主要从企业的主动程度、企业核心业务是否受外部压力影响及企业目标与制度压力目标是否一致对企业响应外部制度压力的策略进行了分析。

从企业的主动程度视角来看，企业应对外部制度环境压力的策略主要有主动和被动两种形式。基于制度理论和资源依赖理论，相关学者将企业响应外部制度环境压力的策略分为：默许、妥协、回避、抵抗、操纵(Olive, 1991; Basu & Palazzo, 2008; Ingram & Simons, 1995; Clemens & Douglas, 2005)。例如，Peng(2013)结合企业的主动性和对外部制度压力类型的多样性，对制度压力不同类型与企业响应行为进行了匹配研究，提出了针对强制压力防御战略、针对规范压力的调和战略及针对认知压力的超前战略。

从企业核心业务是否受外部压力影响视角来看,企业响应外部制度压力的行为主要是搭桥和缓冲。"缓冲"是指企业为了防止外部利益相关者干涉内部业务过程,在企业内部建立缓冲边界来减少外部环境不确定性对其核心业务的影响,也可帮助企业直接获得所需的资源(如补贴、特殊的激励措施、土地和信息)。"搭桥"则是指为了满足外部利益相关者的期望,企业与外部利益相关者建立联系,且试图在不同利益相关者诉求冲突时可以提供一个可行的解决方案(Sharma et al.,1994)。

从企业的目标和制度压力目标是否一致视角来看,企业响应外部制度压力的行为主要有解耦和耦合。企业的目标与制度压力目标一致性程度越高,企业行为与制度压力的耦合程度越高。但当企业的目标和外部制度环境压力不一致时,企业的某些行为往往会与外部制度环境压力出现不同程度的解耦,以满足外部制度环境中的多元制度诉求(Greenwood et al.,2011)。

(3)投资企业应对海外投资主体行为政治风险的策略分析。

结合以上企业响应外部制度环境策略的相关研究,本章将结合制度理论和从非市场战略来探讨投资企业控制海外投资主体行为政治风险的策略,主要原因见以下分析。

首先,相关学者研究证实,非市场战略在某种程度上弥补了"环境策略观"忽视企业行为能动性的缺陷。非市场战略主要是指企业为了实现目标而对制度环境进行战略性调整的战略活动(Kobrin,2015;Mellahi et al.,2015)。例如Hansen和Ostermeier(2001)从行业集中度视角分析企业应对政治压力的行为,其研究结论表示处于高度集中行业的企业更有机会接近立法者,更有可能代表游说集团作出响应。我国学者叶广宇等(2011)以中国跨国公司的海外非市场战略为研究对象,其研究结果发现企业规模和技术资源对中国海外投资企业的非市场战略具有显著影响。当中国海外投资企业具有较大的规模及具有优势的技术资源时,它们往往在选取非市场战略时倾向缓冲战略,而当中国海外投资企业的规模比较小,且技术资源相对劣势时,它们在选取非市场战略时就倾向于搭桥战略。

其次,相关学者认为海外投资政治风险是非市场战略领域的一个重要组成部分,跨国企业可以实施非市场战略来应对海外投资的政治风险(Kingsley & V&en

Bergh, 2015; Lawton et al., 2014; Liedong et al., 2015; Mellahi et al., 2016; Oetzel & Oh, 2015; John & Lawaton, 2018)。从非市场因素方面来看,海外投资政治风险主要源于东道国非市场因素,如腐败、政治事件。从非市场战略方面来看,相关学者认为政治风险管理与企业社会责任密切相关(Detomasi, 2008; Keillor et al., 2005; Hadani & Coombes, 2015; Oetzel & Oh, 2015)。例如,Liedong 等(2015)及 Hadani 和 Coombes(2015)认为企业可以通过非市场战略来管理政策风险。从政治风险对非市场战略的影响结果来看,政治风险因素不可能完全被考虑,总有部分政治风险因素被遗漏,而这些被遗漏的政治风险因素往往会影响企业的非市场战略结果(Lawton et al., 2014; Mellahi et al., 2016; John & Lawaton, 2018)。

最后,基于现有关于企业应对外部制度环境策略的相关研究发现,无论是基于何种视角,这些研究都强调了非市场战略对应对外部制度压力的作用。例如,从企业跨界合作功能的视角来看,搭桥和缓冲甚至就是一种非市场行为(Blumentritt, 2003)。制度理论相关研究指出,企业(尤其是在发展中国家或新兴市场经营的跨国企业)可以实施非市场战略来补充市场战略(Blumentritt, 2003; Keim & Hillman, 2008; Puck et al., 2013),以克服东道国制度环境不确定性(Akbar & Kisilowski., 2015; Heidenreich et al., 2015; Meznar & Nigh, 1995; Parnell, 2015; White et al., 2015)。

5.2.2 分析框架

基于以上分析,本研究结合制度理论,选取中国企业在缅甸投资的莱比塘铜矿项目和中缅油气管道项目作为探索性案例研究对象,从企业的非市场战略视角来探讨中国企业应对海外投资在东道国存续和发展期间主体行为政治风险的策略。本研究的分析思路如下:首先,根据案例研究对象的分析,识别中国企业海外投资在东道国存续和发展期间面临的主体行为政治风险;然后,根据不同主体行为政治风险的类型,通过案例分析提炼出中国企业应对海外投资在东道国存续和发展期间的主体行为政治风险的机制与策略。基于以上研究思路,本研究的研究框架如图 5-1 所示。

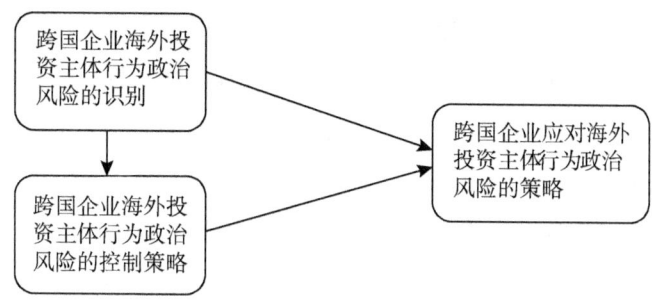

图 5-1 跨国企业海外投资主体行为政治风险控制的研究框架

5.3 研究设计

5.3.1 研究方法

本研究的核心问题是探讨中国企业应对海外投资在东道国存续和发展期间的主体行为政治风险的控制策略，具体将采用集合单案例与多案例两法之长的双案例来进行研究，以相互补充。具体原因如下：首先，案例研究有助于捕捉和追踪管理实践中涌现出来的新现象，是构建和验证理论的有效方法，能够具体回答"为什么"和"如何"的问题（Eisenhardt，1989）。本章旨在探讨投资方如何应对由政治利益相关者行为引致的主体行为政治风险，目前的相关研究鲜少涉及，因此适宜采用案例研究方法。其次，基于理论完整性和说服力的考虑，既对现象深入挖掘又遵循多案例的复制和拓展逻辑，本研究采用及单案例及多案例两法之长的双案例来进行研究，以相互补充。

5.3.2 案例项目选择

为了回答以上问题，本研究主要选择万宝在缅甸投资的莱比塘铜矿项目和中缅油气管道项目作为探索性案例研究对象进行双案例分析，以相互补充。选取这两个案例项目的主要原因主要有以下四个方面：

第一，典型性。缅甸经济发展程度不高，但缅甸具有极其明显的地缘政治优势。由于缅甸"小国大角色"的地理位置，导致缅甸地区的地缘政治比较敏感，进而导致缅甸成为各大国之间争夺的关键。缅甸地区汇集了大国之间的矛盾与利益，从而也就导致企业在缅甸地区的投资项目较其他地区具有更高的主体行为政治风险。同时，莱比塘铜矿项目前期因为多方利益相关者行为引致的政治风险遭遇停工，后通过有效的策略成功重启，且是中国在"一带一路"沿线投资中反败为胜的案例。而中缅油气管道项目的成功实施也成为中国企业在"一带一路"沿线国家投资示范项目，为中国企业"走出去"进行海外投资树立了典范。

第二，内容适配性。因为缅甸民主转型及缅甸政治利益集团政治化抵制的影响，这两个项目坎坷的开发经历和投资方与重重阻碍势力相抗衡的过程为海外投资主体行为政治风险的控制提供了素材。

第三，案例资料可获取性。案例项目相关信息在权威媒体网络下不断披露，相关数据资料可以从权威网站、论坛、媒体等渠道搜集。

第四，两个案例项目的背景相似且案例发生的时间跨度相近（例如，两个案例项目签约于军政府时期、签约政府为吴登盛政府、项目股权结构都是中国国企主导等）。这在一定程度上可以规避某些变量带来的选择性偏差，同时可以使经济政治化和国际压力等因素保持相对恒定，从而实现案例更好的互补。

5.3.3 案例项目简介

莱比塘铜矿项目的简介见4.3.4节。

中缅油气管道由原油管道和天然气管道组成，该案例项目的实际投资高达44亿美元。该项目的境外和境内段分别于2010年6月3日和9月10日正式开工建设。原油管道项目由中国石油集团东南亚管道有限公司（占股50.9%）和缅甸石油天然气公司（占股49.1%）双方共同投资开发。天然气管道项目则是"四国六方"项目，由中韩印缅四国共同投资建设。其中，缅方（缅甸油气公司）占股7.4%，中方（中国石油集团东南亚管道有限公司）占股50.9%，韩国（韩国燃气公司及大宇国际集团）占股29.2%，印度（印度石油海外公司及印度燃气公司）占股12.5%。该项目看似前途一片光明，但在实施的过程中面临着各种未知的挑战。例如，投资方不仅面临不少外国公司的竞争，更为严重的是，投资方还要处理东道国部分政治利益集团及第三方国家政府及国际组织企图借助该案例项目实施的契机以遏止中国的政治势力在东道国发展的敌意干预。面对多方势力的干预与抵制的窘境，投资方积极地与各方势力进行斡旋，且最终于 2015 年 1 月 30 日，成功完成中缅原油管道工程的试投产，成功地接卸了第一船原油。中缅油气管道项目关键事件表见表 5-1。两个案例项目的背景总结及比较见表 5-2。

表 5-1　　　　　　　　中缅油气管道项目关键事件表

2010.6	中缅油气管道境外段正式开工建设
2010.9.10	中缅油气管道境内段分正式开工建设
2013.6	油气管道缅甸段全面完成
2013.10	中缅天然气管线全线贯通
2015.1	马德岛港正式开港
2017.3	中缅油气管道项目重启，将打通石油管道的最后 2.5 公里
2017.9.30	申报进口天然气 146.5 亿 m^3；申报进口原油 176.6 万吨

表 5-2　　　　　　　　两个案例项目背景总结及比较

	莱比塘铜矿	中缅油气管道
项目签约	军政府时期	军政府时期
时任政府	吴登盛政府	吴登盛政府
中方企业	万宝矿产有限公司	中国石油集团东南亚管道有限公司
缅方企业	缅甸经济控股公司	缅甸石油天然气公司(四方六国)
项目股权结构	中方主导(100%)	中方主导(50.9%)
总体收益分配	缅方(70%) 高于中方(30%)	中缅双方互利共赢

5.3.4　数据收集与编码

(1) 数据收集。

为保证所获数据的信效度，本研究在收集数据时遵循以下三个原则：第一，数据来源渠道的多元性,本研究数据主要来源企业内部档案和企业外部资料。其中,企业内部档案包括企业官方网站和媒体对相关企业家及相关个人的网络访谈等。企业外部资料包括东道国和国内媒体的新闻报道等。东道国网络媒体主要选取《缅甸民主之声》(缅甸第四大网络媒体),国内媒体报道主要选择"百度新闻"(全球最大的中文新闻平台),有效资料主要聚焦在网络媒体(如凤凰网、新浪网、第一财经网)、平面媒体(如《第一财经报》《21世纪经济报道》)、学术论文(如知网、谷歌学术)等。第二,关于收集到的相关数据按照表述详细程度的原则,只保留表述最为详细、信息量最大资料。第三,本研究对初始保留下来的数据在时间和内容上进行了交叉验证以辨认相关资料的真伪性(具体数据来源见表5-3)。

表 5-3 数据来源

数据来源	数据分类	莱比塘		油气管道	
		数量	编码	数量	编码
企业内部资料	企业家访谈	6	A1	2	B1
	官网	25	A2	60	B2
企业外部数据	知网与谷歌	14	a1	20	b1
	百度	87	a2	110	b2
	《缅甸民主之声》	38	a3	146	b3
	网络视频	8	a4	10	b3

(2)数据分析与编码。

本研究主要采用开放式的编码方式对相关数据进行分析和编码。基本步骤如下:首先,将整理好的两个案例资料分发给研究团队中的2名成员,让其在通读相关资料的基础上再分别独立进行编码。为了保证编码的信效度,本研究最终选取进入条目库的条目必须有明确的含义,且相关研究问题中设计的核心变量具有高度的相关性。其次,研究小组中的两位成员对已经汇总的各案例的相关数据资料进行提炼、比较和验证。最后,在第二步的基础上进行理论与数据之间的迭代。同时,对于两位编码者存在不同意见的条目,2位成员再进行商量。若能达成一致,条目就被挑选入条目库,若是最终不能达成一致则将条目进行剔除(毛基业和张霞,2008)。

具体而言,首先,按照数据来源对整理后的有效案例信息进行一级编码。其中,对相同来源的重复信息进行归一化处理,不同来源的重复信息进行合并处理,并归为一个来源。通过对案例信息的一级编码。其次,通过文献指引,将主体行为政治风险类型和风险控制机制的核心要素进行概念化,形成二级编码;最后,对二级编码进一步分类,识别出案例项目在东道国存续和发展期间的主体行为政治风险的具体类型及相应的风险控制措施,形成三级编码。

如图 5-2 所示,对主体行为政治风险表现形式及类型的编码,我们在一级编码中确定了 10 个构念,然后提炼了 9 个概念,最后根据相关文献的指引将这 9 个概念进行范畴化,归类为第三方的政治势力干预风险、东道国政治势力干预风险、不确定性政治事件风险。如图 5-3 所示,对于控制策略的编码,我们在一级编码中确定了 16 个构念,然后提炼了 9 个概念,最后将这 9 个概念进行范畴化,归类为顺应预防、调适疏导、能动吸收。

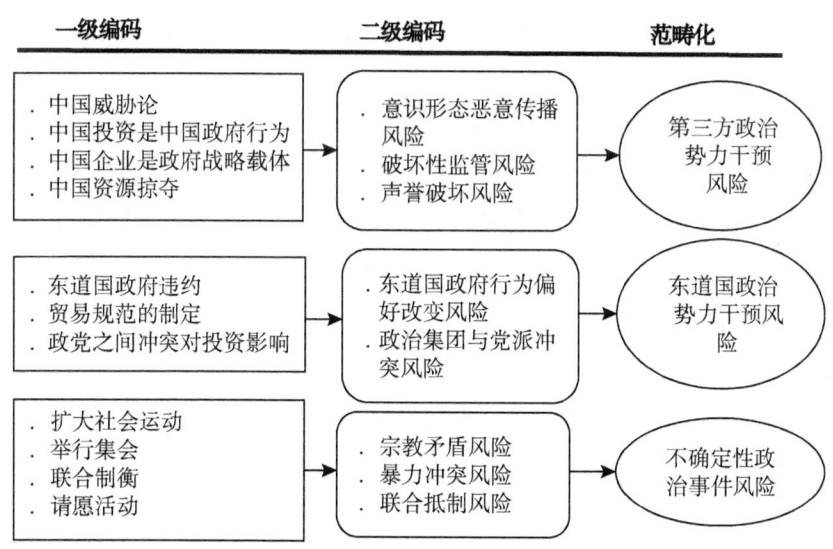

图 5-2 中国企业海外投资的政治风险表现形式

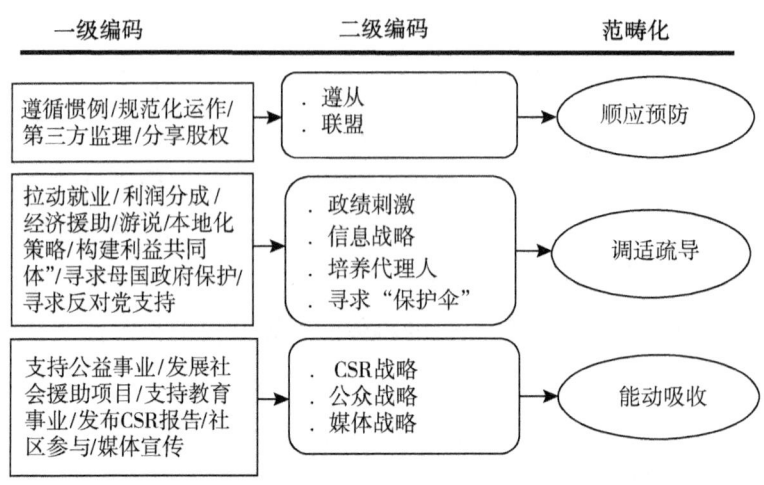

图 5-3　中国企业海外投资政治风险的控制策略

5.4　案例发现

5.4.1　案例项目在东道国存续和发展期间的主体行为政治风险识别

基于本书第 3 章的相关研究结论及相关文献的指引，我们对案例项目资料进行编码后发现，案例项目在东道国存续和发展阶段的主体行为政治风险主要来源于第三方的政治势力干预、东道国的政治势力干预及政治不确定性事件三个方面（主体行为政治风险识别的关键构念及引用语举例具体见表 5-4）。

（1）第三方的政治势力干预风险。

编码结果显示，由于缅甸地区的"小国大角色"的地缘政治，美、日、印等国家将其视为重要的战略基地和抑制中国的筹码。因此，他们利用政治势力对案例项目进行干预。案例项目第三方的政治势力干预的政治风险主要表现在三个方面：

一是意识形态恶意传播风险。相关资料显示，国家间的竞争令美日等第三方国家政府对崛起的中国及中国企业分外警惕。由此，第三方国家利用恶意构建和传播"中国威胁论""中国资源掠夺论"等方式对案例项目进行政治势力干预。如针对莱比塘铜矿项目，在西方国家"中国威胁论""中国资源掠夺论"的煽动下，缅甸各方纷纷抵制案例项目。

表 5-4　　主体行为政治风险识别的关键构念及引用语举例

构念	风险识别	条目	证据事例（典型援引）
第三方的政治势力干预	意识形态恶意传播风险	23	在西方"中国掠夺缅甸资源"的煽动下，缅甸部分利益相关者甚至提出"中国企业离开缅甸"等极端口号
	破坏性监管风险		有西方背景的NGO"缅甸河流网"认为莱比塘铜矿项目对当地珍稀物种造成灭火灭性影响，随后，"88学生组织"在背后"煽风点火"，不仅组织和策划抗议活动，而且还强烈反对和阻挠其"政敌"昂山素季组织的莱比塘铜矿调查团
	声誉破坏风险		部分西方媒体借机炒作，使用"镇压""警方滥用职权"等刺激性的字眼对莱比塘铜矿进行宣染式报道； 2009年西方媒体联手"瑞区天然气运动"流亡组织发布"权力走廊"报告，声称"管道将经过缅甸许多村庄，引发强制拆迁、环境破坏及人权侵犯"
东道国的政治势力干预	东道国政府行为偏好改变风险	55	2012年12月3日，缅甸政府成立莱比塘铜矿项目调查委员会，吴登盛总统任命昂山素季任调查委员会主席，项目从此全面停工；在"民意的压力"下，吴登盛不但叫停了密松水电站，还要求对中国企业参与投资的莱比塘铜矿项目进行重新评估。这些举动给中缅油气管道建设造成巨大压力
	政治集团与党派冲突风险		2013年年初，克钦独立军与缅甸政府军再次发生冲突，并有两枚炮弹落入中国境内，这一交火也直接导致中缅油气管道位于缅甸北部的施工被迫中止

续表

构念	风险识别	条目	证据事例（典型援引）
不确定性政治事件	宗教矛盾风险	78	一位法师表示，莱比塘事件最敏感最棘手的一环，即是关于寺庙佛塔搬迁的问题。"这应该也是莱比塘事件的最大导火线之一"；从2012年6月开始，若开邦不断发生宗教冲突，油气码头所在的马德岛及附属设施所在的皎漂市，物资供给受到严重影响
	游行示威/暴力冲突风险		2014年12月22日，重新开始扩建工作的莱比塘铜矿再度被当地村民阻拦，并且与维持秩序的警察发生了激烈冲突；一年之内，当地村民和社会团体对项目建设的抗议和示威活动几乎没有间断，其中被迫停工达三四个月；2012年3月1日，约100名缅甸籍民间人士在缅甸驻泰国大使馆门前抗议示威，要求缅甸时任总统吴登盛叫停由中国主导的中缅油气管道建设工程
	联合抵制风险		2012年10月，在环保人士、学生群体和社区组织的参与和支持下，当地社区村民联合成立了由26人组成的"拯救莱比塘山委员会"，敦促全面停止铜矿项目；当地一些居民"自发组织"的机构也多次向缅甸政府提出反对，以环境和农田被破坏为由，要求停建中缅油气管道

二是破坏性监管风险。西方国家利用国际组织及NGO对中国企业的海外投资进行破坏性监管，其实质是西方国家借助国际组织及NGO组织职能的外衣使其政治干预合法化。相关资料显示，西方国家部分媒体及网络大肆宣扬莱比铜矿项目对缅甸当地生态环境的影响。例如，污蔑案例项目的实施将毁灭性地破坏当地稀有物种等。同时，一些具有西方政治背景的团体及组织在西方国家的资助及支持下，组织抗议及阻挠活动，如"88学生组织"强烈反对和阻挠调查团等。

三是声誉破坏风险。西方媒体对案例项目妖魔化及污名化的渲染，严重损害了投资方及案例项目在缅甸群众中的形象与声誉，也助长了缅甸利益相关者反对案例项目实施的情绪。由此一来，案例项目及投资方无形中被置于缅甸利益相关者的对立面。相关资料显示，缅甸的社会团体和西方组织联合发布报告，宣扬案例项目带来的负面影响。同时，西方媒体也对案例项目进行负面的渲染，由此煽动了缅甸社会群众强烈抗议莱比塘铜矿项目的实施。例如,"瑞区天然气运动"流亡组织联合西方媒体共同发布了"权力走廊"的报告,报告中宣称油气管道项目的实施破坏了缅甸的环境,且侵犯人权。

(2) 东道国的政治势力干预风险。

编码结果显示,缅甸的部分政治利益集团试图把案例项目涉及的经济事务描述为政治性事件以进行政治化抵制,其目的是为了防止投资项目的实施打破缅甸内部政治利益的平衡格局及维护和保障既得利益。案例项目在缅甸遭遇的政治势力干预风险主要体现在两个方面:

一是东道国政府行为偏好改变风险。相关资料显示,缅甸政府将这两个项目作为"大国平衡"战略的重要筹码。同时,由于多方政治利益集团的压力,缅甸政府不得不将国内的政治风险转嫁给这两个案例项目。由此,案例项目面临的缅甸政府违约、重新权衡项目权重等东道国政府行为偏好改变等风险逐渐凸显。例如,2012年12月3日,缅甸政府成立莱比塘铜矿项目调查委员会,吴登盛任命昂山素季任调查委员会主席,莱比塘铜矿项目从此全面停工。

二是政治利益集团与党派冲突风险。相关资料显示,缅甸地区的党派冲突及宗教矛盾导致部分政治利益集团把这两个项目当成是对抗缅甸政府的工具和平台。为了维护既得利益,这些政治利益集团和反对党利用政治势力制造了针对案例项目的敌意风险。相关资料表明,缅甸群众利用莱比塘铜矿项目作为对抗政府的工具,他们利用项目为平台去表达对政府的不满。因此,这些政治利益集团联合缅甸群众,试图利用该项目为平台以诉诸他们的不满及获取相关的权益。油气管道项目同样面临着缅甸东道国政治利益集团与党派冲突带来的政治风险,如相关资料显示,2013年年初,克钦独立军与缅甸政府军再次发生冲突,这次战争的爆发也直接影响了油气管道项目的施工。

(3) 不确定性政治事件风险。

编码结果显示,案例项目的不确定性政治事件风险主要表现在缅甸各利益相关者针对项目的暴力冲突、游行示威、宗教矛盾及联合抵制等不确定性事件及活动增多,这些不确定性政治事件及活动给案例项目带来的宗教矛盾风险、游行示威/暴力冲突风险及联合抵制风险等阻碍了案例项目的正常实施。相关资料显示,在莱比塘铜矿项目开工的七个月里,共爆发124起阻挠、谩骂、威胁、破坏、示威事件。关于中缅油气管道项目的相关资料显示，缅甸的群众，包括民间人士、宗教人士及社会精英曾经于 2012 年 3 月组成联盟在缅甸驻泰大使馆门前抗议示威及施压吴登盛，以达到停止中缅油气管道建设工程的目的。关于莱比塘铜矿项目的相关资料显示，当地社区村民在当权人士的支持下，于 2012 年 10 月正式成立"拯救莱比塘山委员会"。委员会的主要工作就是监督莱比塘铜矿的全面停止工作，以妥善保护莱比塘山等。中缅油气管道项目也面临着同样的困境，在各种谣言的渲染下，中缅油气管道动工伊始就遭到缅甸一些 NGO 和当地居民强烈反对。相关资料显示，缅甸群众自发组成联盟向政府施压，指出中缅油气管道损害了其既有利益，不应该继续实施。例如，百名缅甸籍抗议人士曾在泰国的缅甸大使馆前表达集体抗议，高喊口号示威，要求停止该建设工程。

5.4.2 主体行为政治风险的控制策略

基于以上案例项目的主体行为政治风险的识别，本章进一步提炼了投资企业应对主体行为政治风险的策略。编码结果显示，案例项目投资企业应对政治风险的策略主要有顺应预防策略、调适疏导策略、能动吸收策略。

(1) 顺应预防策略与第三方的政治势力干预风险。

根据编码结果可知，投资方主要利用遵从、联盟等顺应预防策略来应对第三方的政治势力干预风险。

遵从策略是指投资企业严格依照国际法律法规及国际组织的规章制度来预防第三方国家政府及国际组织敌意介入的规避策略，具体的行为方式如遵循国际惯例、规范化运作、聘请第三方监理等。相关资料显示，在环境保护方面，中国石油东南亚管道公司不仅专门聘请了来自泰国的 IEM 公司负责环境影响评估报告，同时还引入了独立的第三方环境监理机构，并制定了环境监理规划及其实施细则。莱比塘铜矿项目的环境和社会影响评估计划也是由投资方聘请澳大利亚 Knight Piesold 公司且经当地民众认可后才制订的。投资方对国际法律法规的遵从避免了第三方国家及国际组织以不符合规章制度的借口介入项目的实施，从而也就降低了海外投资项目可能面临的第三方的政治势力干预风险。

联盟是指投资企业积极与第三方国家分享股权、捆绑利益以构建利益共享、风险共担，从而规避第三方政府势力干预风险。例如，中缅管道项目从开工第一天起就定位于"四国互惠共赢""中缅两国能源经贸合作的代表"。这种分享股权的方式不仅给缅甸带来了实惠,更是捆绑了"四国六方"各参与方的利益。在以美国为首的西方国家围堵中国及干涉中国企业在缅甸的投资过程中,四国六方(尤其是韩国和印度)的股权结构迫使其他国家不得不为了自己的既得利益和美国进行协商与洽谈。因此,这种"四国六方"的股权结构不仅有利于降低第三方的政治势力干预投资项目的可能性,还提高了投资项目在东道国抵御政治风险的能力。

(2) 调适疏导策略与东道国的政治势力干预风险。

编码结果显示,投资方主要利用信息战略、培养代理人、寻求"保护伞"、政绩刺激等调适疏导策略来应对东道国的政治势力干预风险。

信息战略是指为东道国的决策制定者提供意见书或技术报告等政治行为。这些政治行为在某种程度上可以帮助投资企业及海外投资降低政治风险的负面影响。投资方主要的信息战略是通过正式和非正式的途径游说缅甸政府及其他关键政治利益集团与其同盟,或动员其他利益相关者集体参与抵制项目实施的行动与活动等。如万宝公司总经理陈德芳说,为了应对缅甸急剧变化的政治环境及推动莱比塘铜矿项目的重启,他不得不进行一轮又一轮的公共游说活动。

培养代理人主要是指投资企业将东道国部分利益相关者的利益与其自身的利益进行关联,使东道国的这些利益相关者成为其利益代理方。同时,投资企业向这些代理利益相关者提供一定的利益。投资方培养代理人的主要目的在于使东道国的利益相关者不反对甚至支持项目实施,主要方式有本地化策略、构建"利益共同体"等。例如,在案例项目中,投资方与项目公司都是积极立足于缅甸市场,优先考虑与缅甸市场的本地企业合作,同时充分利用缅甸市场的资源与服务。其结果不仅培养了本地工程分包商,还积极搭建了与缅甸材料供应商和服务商之间的关系,从而化解东道国这些利益相关者对项目的反对。关于莱比塘铜矿项目的相关资料显示,在投资方一系列的社会 CSR 实践及社区活动之后,当地村民的情绪得以安定,当地企业的合作意愿得以提升,当地政府的信任得以增强。这样一来,东道国社会针对投资项目的游行示威等不确定性事件及活动逐渐减少。

寻求"保护伞"是指投资方积极寻求第三方的帮助以管理风险,如寻求母国政府的帮助和获取东道国反对党的支持等。相关资料显示,投资企业及项目方为了推动案例项目的重启，积极寻求中国政府和缅甸反对党民盟的帮助。在推动莱比塘铜矿项目重启的力量中，中国政府的支持是功不可没的。同时，缅甸反对党民盟的帮助也是推动莱比塘铜矿项目重启的中坚力量。在中国政府和缅甸反对党民盟的支持与帮助下，莱比塘铜矿项目更迅速地获得了缅甸其他社会组织的支持。由此，缅甸各利益相关者对案例项目的信任与认可也逐渐上升。可见，积极寻求第三方的支持与帮助可以降低海外投资在东道国所面临的政治风险。

政绩刺激战略是指投资方将自己的某些经营活动与东道国政府的需求和偏好等联系起来，试图通过增加东道国政府与案例项目的关联性和依赖性来降低东道国政府对其的政治势力干预。相关资料显示，为了保障东道国政府对案例项目考虑的权重及防止东道国政府行为偏好改变带来的违约风险，投资方利用拉动就业、利润分成、经济援助等行为积极构建其商业目标与东道国社会的政治及经济发展目标相一致的"公民企业"形象。关于莱比塘铜矿项目的相关资料显示，为了推动项目的实施工作，在多方共同协商之下，各方重新签订了协议。其中，关于盈利分成部分，万宝公司和缅甸经控公司的收益比下降。中缅双方重新签订了协议的目的在于给予缅甸政府及社会更大的利润份额，这样既可确保缅甸政府的利益，又可保障投资项目在东道国获取来自缅甸政府、群众及其他各利益相关者的支持。投资方一系列政绩刺激战略降低了东道国政府行为偏好改变的可能性，同时也帮助投资企业及项目公司联合东道国政府去消化来自东道国政治利益集团与党派冲突产生的风险。

(3) 能动吸收策略与不确定性政治事件风险。

根据案例项目编码结果可知，投资方主要通过 CSR 战略、公众/媒体战略等能动吸收策略来应对针对海外投资项目的不确定性政治事件风险。

投资方的 CSR 战略有支持公益事业、发展社会援助项目、支持教育事业、发布 CSR 责任报告等。相关资料显示，万宝公司十分重视在当地的企业社会责任及社会公益，且认为授人以鱼不如授人以渔，不仅利用自身资源积极参与当地的社会公益活动，还在当地发展了一系列中小企业，且对这企业进行本地化管理和运营，希望给当地社会带来实惠。同时，万宝公司还积极进行社区活动、推进社区融合、积极改善与社区的关系，旨在围绕项目构建高度融合的经济生态圈。经过此一系列的企业社会责任和社会公益活动的实践，当地的群众逐渐提升了对案例项目的认可,从而导致东道国利益相关者针对案例项目的游行示威、暴力对抗等政治活动逐渐减少。万宝矿产(缅甸)前党委书记罗大庆也说:"一个明显的趋势是,反对的声音越来越小,支持的力量越来越大,2012年的游行队伍有好几千人,而去年(2014年)12月的那次游行,参加的只有不到200人。"同样,随着项目方的一系列的企业社会责任和社会公益活动转化为当地群众的实际利益,当地群众也不再受东道国及西方社会别有用心组织的煽动,也逐渐拒绝参加某些社会组织蓄意组织的抗议活动。甚至当项目面临社会组织的威胁时,当地群众联合起来对抗这些威胁项目实施的组织以保证项目的顺利实施。

公众/媒体战略是指投资方利用媒体及公众、公关、广告等方式提高项目在东道国的透明度以吸引东道国利益主体参与的行为策略。公众/媒体战略具体的行为方式有社区参与、媒体宣传等。相关资料显示,为了消除东道国各利益相关者对环保问题的质疑,油气管道项目方积极构建相关活动。如《光明日报》刊载:"油气管道项目方不仅主动邀请环保等各界人士,成立绿色共建咨询委员会,并邀请当地民众定期组织公众开放日活动,发布生产环境信息。"[①]投资方通过一系列的公众和媒体战略,消除了东道国利益相关者对案例项目的误解与偏见,提升了案例项目在东道国的认可度,从而减少了东道国利益相关者针对案例项目的不确定性政治事件及活动。

5.5 研究讨论与结论

5.5.1 研究讨论

基于以上对莱比塘铜矿项目和中缅油气管道项目在东道国存续和发展期间的政治风险的识别及投资企业应对政治风险策略的分析,本研究进一步提炼了企业应对海外投资在东道国存续和发展期间的政治风险的机制:顺应预防机制、调适疏导机制、能动吸收机制,并构建了中国企业海外投资在东道国存续和发展期间政治风险的控制机制与控制策略的框架(见图5-4)。

---

① 资料来源:中缅油气管道国内配套工程将投运_光明日报-《网络(http://news.gmw.cn/2)。

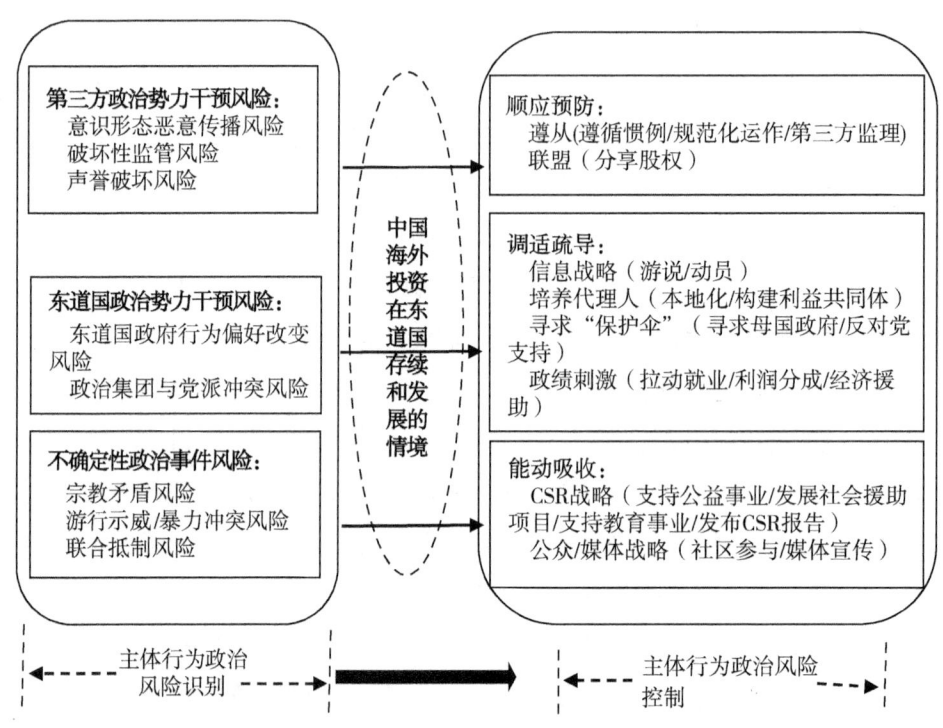

图 5-4　跨国企业海外投资在东道国存续和发展期间的主体行为政治风险及其控制

(1) 顺应机制。

顺应机制主要是指通过对政治环境的认识并屈服于政治环境的压力，投资企业采取灵活易变的顺应政治环境的风险控制策略，旨在预防风险对投资活动的影响或延迟风险对海外投资活动影响的时间。这种顺应预防策略类似于制度理论中应对制度压力的默许策略，即被动地顺应制度环境而不以塑造或修改其内容为目标（Boddewyn & Brewer，1994；Oliver，1991）。经过上述案例分析发现，投资方顺应海外投资的外部政治环境可以有效预防政治势力干预风险。此结论进一步支持了 Quer 等(2012) 和 Puck 等(2013) 关于企业通过试探性制度适应东道国的政治环境可以有效管理和降低政治风险的观点。

在本研究中，顺应机制主要是针对第三方的政治势力干预风险而言的。中国企业的海外投资往往被西方国家视为中国政府战略目标的载体（Busse & Hefeker，2007）。为了遏制中国分享西方国家在东道国或地区的既得利益（包括政治利益和经济利益),这些国家往往会采取各种针对中国企业投资项目的政治反制行动以获得对中国政府的讨价还价的筹码和不对称竞争优势。由此,它们的行为将给中国企业的海外投资带来敌意政治风险(保建云,2017)。这些敌意政治风险不仅难以避免且因为其难以衡量的特点而难以被管理和控制。因此,企业的基本策略就是遵守国际上的法律法规进行规范化运作,且积极利用分享股权等来构建与第三方国家的利益联盟以实现风险共担,从而降低第三方政治势力干预的可能性,进而预防及消散第三方的政治势力的干预及反制行为带来的敌意风险。

(2)调适机制。

调适机制是指当风险对投资活动造成实际影响时,投资企业通过嵌入政治环境,采取有效的风险管理策略使风险得以转移与分散,进而达到尽量降低政治风险对海外投资不利影响的目的。本章这一发现不但佐证了相关学者认为组织通过主动调适自身以适应政治环境的政治策略可以有效管理政治风险的观点(Mellahi et al., 2016; Oetzel et al., 2015),还强化了企业通过嵌入政治环境进行调适疏导对海外投资政治风险管理的重要性。

投资企业通过调适东道国的政治环境目的在于疏导东道国的政治势力干预风险。首先,东道国政府行为偏好改变风险的关键行为主体是作为海外投资关键政策制定者和决策者的东道国政府。因此,投资企业可以利用东道国政府的"减震器"作用(Doh & Ravi, 2003),通过政绩刺激战略以提升投资项目被东道国政府考虑的权重和分量,从而降低东道国政府违约等行为偏好改变风险。其次,政治集团与党派冲突风险主要是因为中国企业的海外投资项目被东道国政治利益集团当作反对东道国政府以争取政治经济诉求的筹码与工具。投资企业通过信息战略、培养代理人及寻求"保护伞"等战略嵌入东道国的政治环境可以改善海外投资被东道国政治利益集团当作政治利益较量平台的窘境,同时可以帮助投资企业与东道国政治利益集团建立利益共享机制,从而改变东道国政治利益集团激烈的对抗立场,进而降低东道国政治集团与党派冲突给投资项目带来的损失。

(3)能动机制。

能动机制主要是指企业通过前瞻性的能动策略来改善和变革东道国政治环境,旨在引导政治风险在东道国政治环境中得以吸收,从而使政治风险带来的损失最小化。本研究的这一结论不仅弥补了现有关于政治风险控制结论基调强调被动顺从、弱化企业能动性的不足(John & Thomas, 2018; Jiménez et al., 2014)，还进一步深化了 Oliver 和 Holzinger(2008)及 John 和 Lawton(2018)关于组织能动性的战略可以应对制度环境中外来的冲击和威胁，降低政治风险的观点。

CSR 战略和公众/媒体战略是一种主动层次上的前瞻型能动战略(Husted & Allen, 2007)。这种前瞻型能动战略的实施不仅是海外投资改变自身经营不善困境的有效途径，也是投资企业在东道国获取信任资本的重要途径之一(Wöcke et al., 2015)。本章研究发现，投资企业 CSR 战略、公众/媒体战略等能动性制度变革战略帮助投资企业构建了与东道国其他利益相关者之间良好关系，同时帮助投资企业在东道国树立了其商业目标与东道国的政治及经济发展目标相一致的"公民企业"形象。由此，海外投资在东道国的认可度和信任资本得以提升，进而导致东道国利益相关者针对海外投资的不确定性政治事件及活动范围缩小，发生的概率也不断降低。

5.5.2　研究结论

基于以上对莱比塘铜矿项目和中缅油气管道项目在东道国存续和发展期间的政治风险的识别及投资方应对海外投资政治风险策略的分析，本研究得出以下三个结论：

第一，投资企业可以利用遵从、联盟等顺应预防策略来应对第三方的政治势力干预风险。

第二，利用信息战略、培养代理人、寻求"保护伞"、政绩刺激等调适疏导策略来应对东道国的政治势力干预风险。

第三，通过 CSR 战略、公众/媒体战略等能动吸收策略来应对针对海外投资的不确定性政治事件风险。

第6章 研究结论与展望

本章内容主要是基于前文的主要研究内容,进一步归纳与提炼与三个研究相关的主要结论与贡献。因此,本章的主要内容包括主要结论、理论贡献、实践启示及未来研究方向四个部分。

6.1 主要结论

对于"基于主体行为视角的跨国企业海外投资的主体行为政治风险"相关问题的研究,本研究从三个具体的核心问题进行了解构:主体行为与跨国企业海外投资主体行为政治风险有何种关系,即主体行为对跨国企业海外投资主体行为政治风险形成的影响;合法性视角下跨国企业海外投资主体行为政治风险的演化过程是怎样的;投资企业如何处理及控制海外投资在东道国的主体行为政治风险。在明确三个核心问题之后,首先,本书基于主体行为视角,从静态的视角探讨了主体行为与跨国企业海外投资主体行为政治风险的关系及跨国企业海外投资主体行为政治风险的具体表现形式。其次,通过第3章内容,本研究引入了合法性变量,考察了跨国企业海外投资过程中所面临主体行为政治风险的动态演化过程。最后,在理解海外投资主体行为政治风险形成原因与演化过程的基础上,本研究探讨了投资企业控制主体行为政治风险的机制与策略。本书的主要结论包括以下三个方面。

(1)跨国企业海外投资主体行为政治风险的形成是国际层利益相关者政治势力干预行为、东道国社会层利益相关者政治化抵制行为、企业及项目层利益相关者竞争行为共同作用的结果。

首先,中国跨国企业海外投资存在三种认知的可能:中国跨国企业海外投资是母国政府行为的认知、中国跨国企业海外投资是东道国政府行为的认知、中国跨国企业海外投资是投资企业行为的认知。国际层的利益相关者之所以对中国跨国企业实施政治干预行为是因为中国企业海外投资被他们认为是投资企业母国政府在东道国争取更大政治势力的平台（Yeung & Liu，2008；Kolstad & Wiig，2012）。东道国社会层的利益相关者之所以采取政治化抵制行为是因为中国跨国企业海外投资的实施被他们认为是东道国政府和执政党提高执政合法性的行为，他们相信"投入越多回报也越多"的积极效应，故而将海外投资当作其争取诉求的平台。

其次，利益相关者干预中国跨国企业海外投资的动机及策略存在差异。国际层的利益相关者可能主要是为了打压中国政府在东道国的政治影响力及获取地缘政治因素，他们利用经济酬赏、经济强制等直接干预策略和资助反对者、培植代理人、路径施压间接政治干预行为对项目进行干预。东道国社会层的利益相关者意欲借项目表达其诉求，如他们的诉求得不到相关方的响应，就通过联合制衡、形塑舆论、制造恐慌等动员式参与，及请愿、集体上访、集会游行等施压式的集体行动对海外投资进行政治化抵制。企业及项目层利益相关者为了占领东道国市场及打压投资企业在东道国的市场优势，利用行业联盟、参与公共活动、公关等公众策略及开展慈善事业、发表社会责任报告等非市场竞争策略持续且不遗余力地与投资方进行角逐。

最后，在海外投资过程中，利益相关者行为引致的主体行为政治风险主要有三种：①国际层利益相关者政治势力干预行为主导的东道国政府行为偏好改变风险。国际层利益相关者政治势力干预行为容易触发东道国政府的选择偏好发生改变，从而使海外投资深陷东道国政府违约、与干预组织签订不利于投资方的贸易协议、东道国政府制定更多的贸易规范等东道国政府行为偏好改变风险。一方面，国际层利益相关者经济酬赏和经济制裁等直接政治势力干预行为直接影响了东道国关键政策制定者的选择偏好，且引诱和促使东道国关键政策制定者按照干预组织的意愿行事。另一方面，国际层利益相关者大肆宣扬"中国威胁论"、培植代理人等间接干预行为强烈地拨动了东道国其他利益相关者敏感的政治神经，且激发了东道国社会民众的民族主义情怀，由此在无形中将投资方母国政府和投资企业置于东道国社会利益相关者的对立面。②东道国社会层利益相关者政治化抵制行为主导的不确定性政治事件风险。东道国社会层利益相关者政治化抵制策略的运用使东道国少数群体为实现自身目标而把风险转嫁给整个海外投资和政府体制，进而导致海外投资深陷暴力冲突、宗教矛盾、集群化参与、污名化、联合抵制等不确定性政治事件风险。东道国社会层的利益相关者把经济事务描述为政治敏感型事件的行为给缺乏话语权和利益表达渠道的民众带来较大的心理冲击，引起了民众对海外投资强烈的不安和恐慌。同时，政治化抵制行为的持续及泛化也影响了东道国政府的行为及东道国政府政策的维系。在此过程中，各利益相关者针对海外投资的小尺度的区域性事件逐渐演变为全国性的政治大事件。③企业及项目层的利益相关者敌意竞争行为主导的合法性危机。企业及项目层利益相关者的竞争行为从侧面削弱了投资方和投资项目在东道国的竞争优势。同时，他们的竞争行为也在无形中导致投资方和海外投资在东道国的认可度下降，合法性也不断被质疑。由此，投资方和海外投资将深陷合法性危机风险。

（2）合法性视角下中国跨国企业海外投资主体行为政治风险经历了三个演化阶段：利益相关者对海外投资非理性负面态度的形成、利益相关者针对海外投资非理性政治对抗事件及行为的扩散、利益相关者针对海外投资政治对抗事件及行为的平息。

第一，主体行为政治风险的形成及演化是认知冲突到合法性危机再到合法性重构的过程。东道国利益相关者对投资方及海外投资的认知冲突导致各种质疑与谣言，从而使利益相关者对海外投资形成非理性的对抗态度，推动了政治风险能量的积累。随着海外投资全面去合法性的发生，海外投资陷入"塔西佗陷阱"，东道国利益相关者非理性的对抗态度转化为抵制项目实施的各种非理性对抗政治行为，加速了风险能量的释放。伴随着投资方符合东道国社会道德规范和价值观行为的实施，东道国利益相关者对投资方和项目有了新的认知，负面情绪得以消散，从而促进了海外投资在东道国合法性的重构，进而缓和了海外投资在东道国的政治风险。

第二，主体行为政治风险演化三个阶段具有不同的特征。在主体行为政治风险酝酿及积累期，海外投资在实施过程中强调东道国政府的"强中介"作用，投资方依靠东道国政府对海外投资进行开发，东道国利益相关者对海外投资存在严重的误解和质疑。在主体行为政治风险外显及破坏期，利益相关者的非理性负面态度转化为非理性对抗行为政治不确定事件频繁发生，进而区域性事件变为全国性事件。且投资方在东道国这种四分五裂的关系中被边缘化，完全失去了控制权和主动权，导致海外投资完全沦落为东道国利益相关者博弈的平台。在主体行为政治风险平息期，投资方的合法性战略的实施促进了东道国利益相关者负面情绪的消散和新认知的建立，海外投资面临的政治不确定性事件与政府干预减少。

第三，基于合法性视角海外投资主体行为政治风险演化的三个阶段中，合法性特征的不同带来的结果也不尽相同。在主体行为政治风险酝酿及积累期，海外投资在东道国的实施符合东道国及国际上的法律法规，海外投资在东道国的规制合法性比较高，因此也得到了东道国政府的大力支持。但规范合法性和认知合法性却仅维持在某一低水平震荡，尤其是认知合法性的缺失是海外投资政治风险爆发的重要隐患。在主体行为政治风险外显及破坏期，项目规制合法性、规范合法性、认知合法性悬崖式地下跌，海外投资陷入合法性危机，进而导致海外投资面临严重的政治风险。在主体行为政治风险平息期，东道国利益相关者对投资方及海外投资的负面情绪得以消散，建立了关于投资方及海外投资的新认知模式。海外投资的规制合法性、规范合法性、认知合法性有所回升，但仍然维持在特定的水平，震荡幅度较小。

(3)中国企业应对海外投资主体行为政治风险的策略主要包括顺应预防策略、调适疏导策略、能动吸收策略。

具体来说，投资企业可以利用遵从、联盟等顺应预防策略来应对第三方的政治势力干预风险；利用信息战略、培养代理人、寻求"保护伞"、政绩刺激等调适疏导策略来应对东道国的政治势力干预风险；通过CSR战略、公众/媒体战略等能动吸收策略来应对针对项目的不确定性政治事件风险。

6.2 理论贡献

在前人研究的基础上，本书主要在以下三个方面进一步拓展了现有研究。

首先，本书不仅弥补了以往相关研究侧重关注政治风险客观因素而忽视行为主体行为因素的不足，且本研究从多方行为主体的视角加深了学者们对海外投资主体行为政治风险研究的认识。一方面，现有关于政治风险的研究主要从可观测的政治制度和社会经济环境等宏观共性视角研究政治风险的基本面(如政治风险因素、结构等),侧重对宏观共性政治风险的探讨(Khattab et al.,2007;Kesternich & Schnitzer,2010;Meunier,2012),缺乏对主体行为政治风险的研究。另一方面,现有关于政治风险的研究集中关注东道国因素,强调东道国政府行为对政治风险的影响(Holburn & Zelner,2010),鲜有研究关注除东道国政府外其他利益相关者(如反对党、地方政府、NGO等)的行为对海外投资政治风险的影响。本研究将母国-东道国-第三方国家的利益相关者纳入了海外投资政治风险的统一分析框架,并从利益相关者行为视角考察了海外投资主体行为政治风险的形成及表现形式。

其次,本研究从合法性视角打开了海外投资主体行为政治风险动态演化过程的黑箱,为海外投资主体行为政治风险的动态的研究提供了新的视角。一方面,早期关于政治风险的相关研究主要强调政治风险因素、政治风险类型等的静态描述(Daude & Stein,2007;Busse & Hefeker,2007;Javorcik & Wei,2009;Buckley et al.,2007),但这些研究不能清楚地解释政治风险的演化过程。另一方面,虽然以往有学者认为政治风险和合法性有密切关系(Bucheli & Kim,2015;Stevens & Nevenham-Kahindi,2017),但这些学者侧重将规制、规范和认知合法性当作一个整体框架来分析,且主要从静态视角来探讨合法性与政治风险的关系。而本研究基于合法性视角,探讨了海外投资主体行为政治风险的演化过程,并构建了海外投资主体行为政治风险的演化过程模型。这一结论不仅从规制、规范和认知合法性三个维度对合法性与海外投资主体行为政治风险的关系进行了深化,巩固了Stevens等(2016)的政治风险的合法性基础观(LBV),且从动态视角拓展了现有关于海外投资主体行为政治风险的研究,为海外投资主体行为政治风险的研究提供了新的视角。

第三,本研究不仅弥补了现有关于企业层面控制政治风险策略研究的不足,还进一步深化了投资企业应控制主体行为政治风险的具体策略。以往关于海外投资政治风险管理的研究集中在国家和行业等宏观层面,虽然少数研究关注了企业对海外投资政治风险的管理,但研究结论基调弱化了企业在政治环境中的能动性(John & Lawton,2018)。且这些研究侧重探讨调节政治风险与海外投资关系的因素与变量,缺乏对企业应对不同政治风险的具体控制策略的研究。本书剖析了企业在海外投资过程中应对不同主体行为政治风险的具体策略，深化了现有关于海外投主体行为资政治风险管理理论的研究。

6.3 实践启示

本书的实践意义主要包括以下三个方面：

首先，从本书研究对象来看，对中国企业主体行为海外投资的研究有利于帮助企业加强对海外投资特征的认知，从而帮助管理者更深刻地认识主体行为政治风险。党的十九大报告就推动形成全面开放新格局作出一系列重要部署，其中强调要以"一带一路"建设为重点。但是中国企业在"一带一路"沿线国家的海外投资往往因其较高的政治敏感性而遭遇更高的政治风险。一方面，从"一带一路"沿线国家的现实情况来看，"一带一路"沿线国家的民主改革、地缘政治等因素大大加深了我国这些海外投资项目的政治敏感性，从而使这些海外投资更容易遭遇来自第三方国家政治势力的干预。另一方面，在政策性变量推动的背景下，中国企业在"一带一路"沿线国家的海外投资在某种程度上具有较强的国家参与性和政治动机性。因此，投资方应该关注由于国家参与性和政治性带来的各政治利益相关者行为引致的政治风险。具体来说，例如，投资企业在东道国发展的过程中，应该分别考虑第三方国家、东道国其他政治利益集团(如反对党、地方政府等)对海外投资的影响，并把各政治利益相关可能的抵制行为及应对措施纳入海外投资政治风险的框架之中。

其次，本书研究结论提供的海外投资过程中主体行为政治风险演化的过程模型，有助于指导我国在"一带一路"沿线国家投资的企业在了解主体行为政治风险阶段特征后进行针对性的管理与控制。具体比如说，在"走出去"的过程中，由于东道国利用相关方对投资项目的认知冲突容易造成政治风险能量的积累，所以投资方应该尽量提高投资项目的透明度，避免因认知冲突造成的风险。在海外投资项目在东道国存续和发展阶段，为了避免被边缘化及避免海外投资项目沦为各利益相关者政治经济较量的平台，投资方应该尽量降低第三方无直接利益相关者对投资项目的政治联想，从风险阻断的角度来防范海外投资的经济行为被政治化。同时，投资方还应该积极构建在道国的合法性，避免海外投资项目在东道国陷入"塔西佗陷阱"。

第三，本书关于海外投资主体行为政治风险控制策略的相关研究结论有利于指导中国企业通过有效的"顺应预防""调适疏导"和"能动吸收"等策略降低政治风险。实践中，投资企业应该注意结合"预防、疏导和吸收"三种策略，避免有结构而无能动或有能动而无结构的不足。三种战略作为一种张力选择，并非彼此独立，在具体行动层面，企业不应该孤立三种战略，而是根据东道国具体的政治环境，充分考虑三种战略的连续性和关系。例如，投资方应坚持不干涉内政原则，在投资陷入困境时，投资方首先要获得执政党的政治保证和帮助，进而把握时机主动的接触具有较强民意基础的反对派，积极寻求与各政治利益相关者在投资项目的支持与合作；投资方还应该鼓励东道国利益相关者共同参与项目的投资，积极推进海外投资的"本土化"，建立多方合作机制，打造中资企业和东道国利益相关者的"命运共同体"，且积极履行社会责任和参与社会公益活动，获取东道国利益相关者的支持，进而才能改善中国资本在东道国安全存续的环境等。

6.4　未来研究展望

海外投资的主体行为政治风险仍然是一个需要不断进行深化与拓展的研究话题。本书针对海外投资主体行为政治风险的形成、演化与控制等方面的研究方向取得了一些进展与成果，但关于海外投资主体行为政治风险的相关研究，未来还有许多问题有待进一步研究，主要包括以下两个方面。

一方面，本书研究主要是基于利益相关者行为视角探讨了关于跨国企业在海外投资过程所面临的主体行为政治风险及其控制。实际上，主体行为政治风险是由特定利益相关者的一些"无作为"行为及"行为不当"行为引致。其中，"无作为"行为"抵制行为或反对行为"对海外投资政治风险的影响可能存在不同的影响。因此，相关学者在接下来的研究过程中，可以结合焦点企业-海外投资企业及其他相关利益相关的行为（这里的行为可以是"合作行为"，也可以是"行为不当"）对海外投资主体行为政治风险进行进一步的拓展分析与研究。

同时，考虑到三个不同层面的利益相关者的动机与目的，本书分别从三个层面探讨了利益相关者行为对海外投资主体行为政治风险的影响。但事实上，来自国际层、东道国社会层、企业及项目层的利益相关者之间存在行为的互动。因此，未来学者们可以探讨利益相关者之间的行为互动对海外投资主体行为政治风险的影响，也可探讨利益相关者的互动行为引致的主体行为政治风险的具体表现形式。

另一方面，本书采用的研究方法是案例研究，虽然本书选取的密松水电站项目、莱比塘铜矿项目及中缅油气管道项目在某种程度上具有代表性，但受案例研究方法本身的局限性，未来相关学者可以进一步利用大样本数据来验证本书提出的结论，对相关结论进行补充和完善。

参考文献

[1] 保建云. 论我国"一带一路"海外投资的全球金融影响, 市场约束及"敌意风险"治理[J]. 中国软科学, 2017(3): 1-10.

[2] 马亚华, 冯春萍. 空间视角下的东亚权力分布———一种基于引力模型的比较静态分析[J]. 世界经济与政治, 2014 (11): 121-134.

[3] 成金华, 童生. 中国石油企业跨国经营的政治风险分析[J]. 中国软科学, 2006 (4): 24-32.

[4] 张建红, 周朝鸿. 中国企业走出去的制度障碍研究———以海外收购为例[J]. 经济研究, 2010, 6: 80-91.

[5] 李诗, 吴超鹏. 中国企业跨国并购成败影响因素实证研究———基于政治和文化视角[J]. 南开管理评论, 2016, 19(3): 18-30.

[6] 何金花, 田志龙. 多重反对型利益相关者行为视角下的政治敏感型海外投资微观政治风险研究[J]. 管理学报, 2018, 15(12): 1772-1780.

[7] 宗芳宇, 路江涌, 武常岐. 双边投资协定, 制度环境和企业对外直接投资区位选择[J]. 经济研究, 2012 (5): 71-82.

[8] 陈占夺, 齐丽云, 牟莉莉. 价值网络视角的复杂产品系统企业竞争优势研究———一个双案例的探索性研究[J]. 管理世界, 2013(10): 156-169.

[9] 张建红, 姜建刚. 双边政治关系对中国对外直接投资的影响研究[J]. 世界经济与政治, 2012 (12): 133-155.

[10] 潘镇, 金中坤. 双边政治关系, 东道国制度风险与中国对外直接投资[J]. 财贸经济, 2015 (6): 85-97.

[11] 张英达, 葛顺奇. 跨国经营的政治风险: 结构, 趋势与对策[J]. 国际经济合作, 2011 (11): 4-8.

[12] 黄河. 建设工程项目施工危险源辨识及风险评价研究[D]. 武汉工程大学, 2016.

[13] 韦军亮, 陈漓高. 政治风险对中国对外直接投资的影响——基于动态面板模型的实证研究[J]. 经济评论, 2009 (4): 106-113.

[14] 王海军. 政治风险与中国企业对外直接投资——基于东道国与母国两个维度的实证分析[J]. 财贸研究, 2012 (1): 110-116.

[15] 钞鹏. 对外投资的政治风险研究综述[J]. 经济问题探索, 2012 (11): 167-171.

[16] 胡兵, 邓富华, 张明. 东道国腐败与中国对外直接投资[J]. 国际贸易问题, 2013, 10: 138-148.

[17] 张雨, 戴翔. 政治风险影响了我国企业"走出去"吗[J]. 国际经贸探索, 2013, 29(5): 84-93.

[18] 刘洪深, 汪涛, 周玲等. 制度压力, 合理性营销战略与国际化企业绩效——东道国受众多元性和企业外部依赖性的调节作用[J]. 南开管理评论, 2013, 16 (5): 123-132.

[19] 叶广宇, 姚化伟, 乔金晶. 资源, 成长性与中国跨国公司海外非市场战略[J]. 管理学报, 2011, 8(3): 380-387.

[20] 毛基业, 张霞. 案例研究方法的规范性及现状评估[J]. 管理世界, 2008, 4: 115-121.

[21] 梁上坤, 李丹, 谷旭婷, 马逸飞. 借壳上市与杠杆增持下的并购风险叠加——基于上海斐讯借壳慧球科技的案例研究[J]. 中国工业经济, 2018, 35(6): 136-155.

[22] 杜晓君, 杨勃, 任晴阳. 基于扎根理论的中国企业克服外来者劣势的边界跨越策略研究[J]. 管理科学, 2015, 28(2): 12-26.

[23] 保建云. 论我国"一带一路"海外投资的全球金融影响, 市场约束及"敌意风险"治理[J]. 中国软科学, 2017(3): 1-10.

[24] 徐宏玲, 马长海, 李双海. 跨国企业本地化与非市场策略——兼论中国供应链本质[J]. 中国工业经济, 2010 (3): 86-96.

[25] 聂名华. 中国企业对外直接投资的政治风险及规避策略[J]. 国际贸易, 2011

(7)：45-48.

[26] 周雪光. 组织社会学十讲[M]. 社会科学文献出版社，2003.

[27] 曹正汉. 中国上下分治的治理体制及其稳定机制[J]. 社会学研究，2011，1(1)：3-7.

[28] 田志龙，程鹏瑶，杨文，等. 企业社区参与过程中的合法性形成与演化：百步亭与万科案例[J]. 管理世界，2014(12)：134-151.

[29] 陈扬，许晓明，谭凌波. 组织制度理论中的"合法性"研究述评[J]. 华东经济管理，2012(10)：137-142.

[30] 田志龙，高勇强，卫武. 中国企业政治策略与行为研究[J]. 管理世界，2003(12)：98-106.

[31] 李巧. W农产品出口公司信用风险问题与对策[D]. 山东大学，2013.

[32] 邓芊里. 海外承包商BOT项目政治风险应对探讨[J]. 技术与市场，2008(9)：51-52.

[33] 桑林，姚琦. 中国企业"走出去"的政治风险防范与控制[J]. 国际经济合作，2011(9)：61-63.

[34] 谭宇凌. 我国民营企业对外直接投资所遭受的政治风险及对策[D]. 湖北工业大学，2014.

[35] 李紫莹. 中国企业在拉美投资的政治风险及其对策[J]. 国际经济合作，2011(3)：20-24.

[36] 赵伟. "一带一路"倡议下中国高铁"走出去"政治风险研究[J]. 对外经贸，2016(8)：53-58.

[37] 黄朴. 浅议企业海外经营政治风险管理——从中国企业"走出去"看海外经营政治风险规避[J]. 经济问题探索，2005(1)：27-29.

[38] 徐飞. 中国高铁"走出去"的十大挑战与战略对策[J]. 人民论坛·学术前沿，2016(14)：58-78.

[39] 王旋子. 中国资源型海外投资的政治风险研究[D]. 浙江大学，2013.

[40] 何金花，田志龙. 海外投资的政治风险——基于西方主流文献的研究述评与展望[J]. 软科学，2020，34(4)：98-102+139.

[41] Alon I., Herbert T. T. A stranger in a strange land：Micro political risk and the

multinational firm[J]. Business Horizons, 2009, 52(2): 127-137.

[42] Alon I, Martin M A. Political Risk Assessment [J]. Multinational Business Review, 1998.

[43] Alden C., Hughes C. R. Harmony and Discord in China's Africa Strategy: Some Implications for Foreign Policy[J]. The China Quarterly, 2009, 199: 563-584.

[44] Agarwal, James, and Dorothee Feils. Political risk and the internationalization of firms: An empirical study of Canadian-based export and FDI firms[J]. Canadian Journal of Administrative Sciences/Revue Canadienne des Sciences de l'Administration, 2007, 24 (3): 165-181.

[45] Al Khattab, A., Anchor, J., Davies, E. Managerial perceptions of political risk in international projects[J]. International Journal of Project Management, 2007, 25 (7): 734-743.

[46] Asiedu E. On the determinants of foreign direct investment to developing countries: is Africa different[J]. World Development, 2002, 30(1): 107-119.

[47] Baird I S, Thomas H. Toward a contingency model of strategic risk taking[J]. Academy of Management Review, 1985, 10(2): 230-243.

[48] Babiak K, Trendafilova S. CSR and environmental responsibility: motives and pressures to adopt green management practices[J]. Corporate Social Responsibility and Environmental Management, 2011, 18(1): 11-24.

[49] Basu K, Palazzo G. Corporate social responsibility: A process model of sensemaking[J]. Academy of Management Review, 2008, 33(1): 122-136.

[50] Blake, Daniel J., Caterina Moschieri. Policy risk, strategic decisions and contagion effects: Firm-specific considerations[J]. Strategic Management Journal, 2017, 38 (3): 732-750.

[51] Boyacigiller N. The role of expatriates in the management of interdependence complexity and risk in multinational corporations [J]. Journal of International Business Studies, 1990, 21(3): 357-381.

[52] Brunetti A, Weder B. Investment and institutional uncertainty: A comparative study of different uncertainty measures[J]. Weltwirtschaftliches Archiv, 1998,

134(3): 513-533.

[53] Bevan A, Estrin S, Meyer K. Foreign investment location and institutional development in transition economies[J]. International Business Review, 2004, 13(1): 43-64.

[54] Bremmer I, Keat P. The fat tail: the power of political knowledge for strategic investing[M]. Oxford University Press, 2010.

[55] Bremmer I. Managing risk in an unstable world[J]. Harvard Business Review, 2005, 83(6): 51-60.

[56] Butler K C, Joaquin D C. A note on political risk and the required return on foreign direct investment[J]. Journal of International Business Studies, 1998, 29(3): 599-607.

[57] Busse M., Hefeker C. Political risk, institutions and foreign direct investment[J]. European Journal of Political Economy, 2007, 23(2): 397-415.

[58] Bucheli M., Kim M. Attacked from both sides: A dynamic model of multinational corporations' strategies for protection of their property rights[J]. Global Strategy Journal, 2015, 5(1): 1-26.

[59] Buckley P. J., Clegg L. J., Cross A. R, et al. The determinants of Chinese outward foreign direct investment[J]. Journal of International Business Studies, 2007, 38(4): 499-518.

[60] Bevan A, Estrin S, Meyer K. Foreign investment location and institutional development in transition economies[J]. International Business Review, 2004, 13(1): 43-64.

[61] Brewer T L. An issue-area approach to the analysis of MNE-government relations[J]. Journal of International Business Studies, 1992, 23(2): 295-309.

[62] Boddewyn J J. Advertising self-regulation and outside participation: a multinational comparison[M]. New York: Quorum Books, 1988.

[63] Bucheli M, Salvaj E. Reputation and political legitimacy: ITT in Chile, 1927-1972[J]. Business History Review, 2013, 87(4): 729-756.

[64] Boddewyn J. J, Brewer T. L. International-business political behavior: New

theoretical directions[J]. Academy of Management Review, 1994, 19(1): 119-143.

[65] Certo S. T., Hodge F. Top management team prestige and organizational legitimacy: An examination of investor perceptions[J]. Journal of Managerial Issues, 2007, 19(4): 461-477.

[66] Choudhury P, Khanna T. Toward resource independence-Why state-owned entities become multinationals: An empirical study of India's public R&D laboratories[J]. Journal of International Business Studies, 2014, 45(8): 943-960.

[67] Clarkson M E. A stakeholder framework for analyzing and evaluating corporate social performance[J]. Academy of Management Review, 1995, 20(1): 92-117.

[68] Clemens B W, Douglas T J. Understanding strategic responses to institutional pressures[J]. Journal of Business Research, 2005, 58(9): 1205-1213.

[69] Dahan N, Doh J, Guay T. The role of multinational corporations in transnational institution building: A policy network perspective[J]. Human Relations, 2006, 59(11): 1571-1600.

[70] Daude C, Stein E. The quality of institutions and foreign direct investment[J]. Economics & Politics, 2007, 19(3): 317-344.

[71] Dacin M T, Oliver C, Roy J P. The legitimacy of strategic alliances: An institutional perspective[J]. Strategic Management Journal, 2007, 28(2): 169-187.

[72] Darendeli I. S., Hill T. L. Uncovering the complex relationships between political risk and MNE firm legitimacy: Insights from Libya[J]. Journal of International Business Studies, 2016, 47(1): 68-92.

[73] Deng X., Pheng L. S., Zhao X. Project system vulnerability to political risks in international construction projects: The case of Chinese contractors[J]. Project Management Journal, 2014, 45(2): 20-33.

[74] Deng X, Low S P. Exploring critical variables that affect political risk level in international construction projects: Case study from Chinese contractors[J]. Journal of Professional Issues in Engineering Education and Practice, 2013, 140

(1).

[75] Desbordes R, Vicard V. Foreign direct investment and bilateral investment treaties: An international political perspective [J]. Journal of Comparative Economics, 2009, 37(3): 372-386.

[76] Detomasi D A. The political roots of corporate social responsibility[J]. Journal of Business Ethics, 2008, 82(4): 807-819.

[77] Demirbag M, Apaydin M, Tatoglu E. Survival of Japanese subsidiaries in the middle east and North Africa[J]. Journal of World Business, 2011, 46(4): 411-425.

[78] De Villa M. A., Rajwani T., Lawton T. Market entry modes in a multipolar world: Untangling the moderating effect of the political environment [J]. International Business Review, 2015, 24(3): 419-429.

[79] Delios A, Henisz W I. Japanese firms' investment strategies in emerging economies [J]. Academy of Management Journal, 2000, 43(3): 305-323.

[80] M. Dieleman, J. J. Boddewyn. Using orgnization structure to buffer political ties in emerging markets: A case study[J]. Organization Studies, 2012, 33(1): 71-95.

[81] DiMaggio P, Powell W W. The iron cage revisited: Collective rationality and institutional isomorphism in organizational fields [J]. American Sociological Review, 1983, 48(2): 147-160.

[82] Duriau V J, Reger R K, Pfarrer M D. A content analysis of the content analysis literature in organization studies: Research themes, data sources, and methodological refinements[J]. Organizational Research Methods, 2007, 10(1): 5-34.

[83] Doh, Jonathan P., Ramaurt, Ravi. Reassessing risk in developing country infrastructure[J]. Long Range Planning, 2003, 36(4): 337-353.

[84] Doh J. P., Lawton. T. C, Rajwani T. Advancing nonmarket strategy research: Institutional perspectives in a changing world [J]. Academy of Management Perspectives, 2012, 26(3): 22-39.

[85] Dunning J H. The investment development cycle revisited[J]. Weltwirtschaftliches

Archiv, 1986, 122(4): 667-676.

[86] Eisenhardt K M. Building theories from case study research[J]. Academy of Management Review, 1989, 14(4): 532-550.

[87] Etherington L D, Richardson A J. Institutional pressures on university accounting education in Canada[J]. Contemporary Accounting Research, 1994, 10(S1): 141-162.

[88] Edmondson A C, McManus S E. Methodological fit in management field research[J]. Academy of Management Review, 2007, 32(4): 1246-1264.

[89] Frynas J G, Mellahi K, Pigman G A. First mover advantages in international business and firm-specific political resources[J]. Strategic Management Journal, 2006, 27(4): 321-345.

[90] Feinberg, Susan E., and Anil K. Gupta. MNC subsidiaries and country risk: Internalization as a safeguard against weak external institutions[J]. Academy of Management Journal, 2009, 52(2): 381-399.

[91] Freeman R E. Strategic management: A stakeholder perspective[M]. Boston: Pitman, 1984: 13.

[92] Gavetti G, Levinthal D. Looking forward and looking backward: Cognitive and experiential search[J]. Administrative Science Quarterly, 2000, 45(1): 113-137.

[93] Grier K B, Munger M C, Roberts B E. The Determinants of Industry Political Activity, 1978~1986[J]. American Political Science Review, 1994(88).

[94] Gioia D A, Corley K G, Hamilton A L. Seeking qualitative rigor in inductive research: Notes on the Gioia methodology[J]. Organizational research methods, 2013, 16(1): 15-31.

[95] García-Canal E., Guillén M. F. Risk and the strategy of foreign location choice in regulated industries[J]. Strategic Management Journal, 2008, 29(10): 1097-1115.

[96] Getz K A, Oetzel J. MNE strategic intervention in violent conflict: Variations based on conflict characteristics[J]. Journal of Business Ethics, 2009, 89(4):

375-386.

[97] Greenwood R., Raynard M., Kodeih F., et al. Institutional complexity and organizational responses[J]. Academy of Management Annals, 2011, 5(1): 317-371.

[98] Globerman S, Shapiro D. Governance infrastructure and US foreign direct investment[J]. Journal of International Business Studies, 2003, 34(1): 19-39.

[99] Hansen N, Ostermeier A. Completely derandomized self-adaptation in evolution strategies[J]. Evolutionary Computation, 2001, 9(2): 159-195.

[100] Hattari R, Rajan R S. How different are FDI and FPI flows?: Distance and capital market integration[J]. Journal of Economic Integration, 2011: 499-525.

[101] Habib M, Zurawicki L. Corruption and foreign direct investment[J]. Journal of International Business Studies, 2002, 33(2): 291-307.

[102] Hadani M., Coombes S. Complementary relationships between corporate philanthropy and corporate political activity: An exploratory study of political marketplace contingencies[J]. Business & Society, 2015, 54(6): 859-881.

[103] Hadani M, Schuler D A. In search of El Dorado: The elusive financial returns on corporate political investments[J]. Strategic Management Journal, 2013, 34(2): 165-181.

[104] Henisz W. J., Zelner B. A. Legitimacy, Interest Group Pressures, and Change in Emergent Institutions: The Case of Foreign Investors and Host Country Governments[J]. Academy of Management Review, 2005, 30(2): 361-382.

[105] Henisz W J. The institutional environment for multinational investment[J]. The Journal of Law, Economics, and Organization, 2000, 16(2): 334-364.

[106] Henisz W J, Zelner B A. The strategic organization of political risks and opportunities[J]. Strategic Organization, 2003, 1(4): 451-460.

[107] Holburn G L F, Zelner B A. Political capabilities, policy risk, and international investment strategy: Evidence from the global electric power generation industry [J]. Strategic Management Journal, 2010, 31(12): 1290-1315.

[108] Holburn G. Political capabilities, political risk and international investment

strategy: Evidence from the power generation industry[J]. Richard Ivey School of Business, University of Western Ontario, 2001, 12(31).

[109] Howell J. Women's Political Participation in China: Struggling to Hold up Half the Sky[J]. Parliamentary Affairs, 2002, 55: 43-56.

[110] Holtbrügge D, Berg N. How multinational corporations deal with their sociopolitical stakeholders: An empirical study in Asia, Europe, and the US[J]. Asian Business & Management, 2004, 3(3): 299-313.

[111] Holtbrügge D, Berg N, Puck J F. To bribe or to convince? Political stakeholders and political activities in German multinational corporations[J]. International Business Review, 2007, 16(1): 47-67.

[112] Husted B. W., Allen D. B. Corporate social strategy in multinational enterprises: Antecedents and value creation[J]. Journal of Business Ethics, 2007, 74(4): 345-361.

[113] Ingram P, Simons T. Institutional and resource dependence determinants of responsiveness to work-family issues [J]. Academy of Management Journal, 1995, 38(5): 1466-1482.

[114] Inkpen A C, Beamish P W. Knowledge, bargaining power, and the instability of international joint ventures[J]. Academy of Management Review, 1997, 22(1): 177-202.

[115] Javorcik B S, Wei S J. Corruption and cross-border investment in emerging markets: Firm-level evidence[J]. Journal of International Money and Finance, 2009, 28(4): 605-624.

[116] Jakobsen J. Old Problem Remind, New ones crop up: political risk in the21st Century[J]. Business Horizons, 2010, 53(5): 481-490.

[117] John A., Lawton T. C. International Political Risk Management: Perspectives, Approaches and Emerging Agendas[J]. International Journal of Management Reviews, 2018, 20(4): 847-879.

[118] Jiménez A., Luis-Rico I., Benito-Osorio D. The influence of political risk on the scope of internationalization of regulated companies: Insights from a Spanish

sample[J]. Journal of World Business, 2014, 49(3): 301-311.

[119] Jiménez A, Delgado-García J B. Proactive management of political risk and corporate performance: The case of Spanish multinational enterprises [J]. International Business Review, 2012, 21(6): 1029-1040.

[120] Joyce, Kyle A., Faten Ghosn, and Reşat Bayer. When and whom to join: The expansion of ongoing violent interstate conflicts[J]. British Journal of Political Science. 2014, 44(1): 205-238.

[121] Jha S. Analyzing political risks in developing countries: a practical framework for project managers[J]. Business and Politics, 2013, 15(1): 117-136.

[122] Kates S M. The dynamics of brand legitimacy: an interpretive study in the gay men's community[J]. Journal of Consumer Research, 2004, 31(2): 455-464.

[123] Kesternich I., Schnitzer M. Who is afraid of political risk? Multinational firms and their choice of capital structure [J]. Journal of International Economics, 2010, 82(2): 208-218.

[124] Keillor, Bruce D., Timothy J. Wilkinson, and Deborah Owens. Threats to international operations: dealing with political risk at the firm level[J]. Journal of Business Research, 2005, 58(5): 629-635.

[125] Kraatz M S, Block E S. Organizational implications of institutional pluralism[J]. The Sage Handbook of Organizational Institutionalism, 2008, 840: 243-275.

[126] Kostova T, Zaheer S. Organizational legitimacy under conditions of complexity: The case of the multinational enterprise[J]. Academy of Management Review, 1999, 24(1): 64-81.

[127] Kolstad I., Wiig A. What determines Chinese outward FDI? [J]. Journal of World Business, 2012, 47(1): 26-34.

[128] Kolltveit B J, Grønhaug K. The importance of the early phase: the case of construction and building projects [J]. International Journal of Project Management, 2004, 22(7): 545-551.

[129] Kingsley A. F., Vanden Bergh R. G. How regulatory uncertainty drives integrated market and non-market strategy[J]. The Routledge Companion to Non-market

Strategy, 2015, 4: 47-65.

[130] Lawton T, Rajwani T. Designing lobbying capabilities: managerial choices in unpredictable environments [J]. European Business Review, 2011, 23 (2): 167-189.

[131] Loree D W, Guisinger S E. Policy and non-policy determinants of US equity foreign direct investment[J]. Journal of International Business Studies, 1995, 26 (2): 281-299.

[132] López-Duarte C., Vidal-Suárez M. M. External Uncertainty and Entry Mode Choice: Cultural Distance, Political Risk and Language Diversity [J]. International Business Review, 2010, 19(6): 575-588.

[133] Li Q, Vashchilko T. Dyadic military conflict, security alliances, and bilateral FDI flows[J]. Journal of International Business Studies, 2010, 41(5): 765-782.

[134] Li X, Liu X. Foreign direct investment and economic growth: An increasingly endogenous relationship[J]. World development, 2005, 33(3): 393-407.

[135] Lu, Jiangyong, et al. International experience and FDI location choices of Chinese firms: The moderating effects of home country government support and host country institutions[J]. Journal of International Business Studies, 2014, 4(4): 428-449.

[136] Luo Y., Xue Q., Han B. How Emerging Market Governments Promote Outward FDI: Experience from China[J]. Journal of World Business, 2010, 45(1): 68-79.

[137] Liedong T. A., Ghobadian A., Rajwani T., et al. Toward a View of Complementarity: Trust and Policy Influence Effects of Corporate Social Responsibility and Corporate Political Activity [J]. Group & Organization Management, 2015, 40(3): 405-427.

[138] Liu, X., Gao, L., Lu, J., & Lioliou, E. Environmental risks, localization and the overseas subsidiary performance of MNEs from an emerging economy[J]. Journal of World Business, 2016, 51(3): 356-368.

[139] Marquis C., Qian C. Corporate Social Responsibility Reporting in China: Symbol

or Substance? [J]. Organization Science, 2013, 25(1): 127-148.

[140] Meschi P X, Riccio E L. Country risk, national cultural differences between partners and survival of international joint ventures in Brazil[J]. International Business Review, 2008, 17(3): 250-266.

[141] Mellahi K, Frynas J G, Sun P, et al. A review of the nonmarket strategy literature: Toward a multi-theoretical integration[J]. Journal of Management, 2016, 42(1): 143-173.

[142] Meyer J W, Rowan B. Institutionalized organizations: Formal structure as myth and ceremony[J]. American Journal of Sociology, 1977, 83(2): 340-363.

[143] Mellahi, K., Demirbag, M., & Riddle, L. Multinationals in the Middle East: Challenges and opportunities[J]. Journal of World Business, 2011, 46(4): 406-410.

[144] Morck R., Yeung B., Zhao M. Perspectives on China's outward foreign direct investment[J]. Journal of International Business Studies, 2008, 39(3): 337-350.

[145] Moon C W, Lado A A. MNC-host government bargaining power relationship: A critique and extension within the resource-based view [J]. Journal of Management, 2000, 26(1): 85-117.

[146] Morsing M, Perrini F. CSR in SMEs: do SMEs matter for the CSR agenda? [J]. Business Ethics: A European Review, 2009, 18(1): 1-6.

[147] Murillo-Luna J L, Garcés-Ayerbe C, Rivera-Torres P. Why do patterns of environmental response differ? A stakeholders' pressure approach[J]. Strategic Management Journal, 2008, 29(11): 1225-1240.

[148] Miller K D. A framework for integrated risk management in international business [J]. Journal of International Business Studies, 1992, 23(2): 311-331.

[149] Mitchell R K, Agle B R, Wood D J. Toward a theory of stakeholder identification and salience: Defining the principle of who and what really counts[J]. Academy of Management Review, 1997, 22(4): 853-886.

[150] Mocan N, Raschke C. Economic well-being and anti-Semitic, xenophobic, and

racist attitudes in Germany[J]. European Journal of Law and Economics, 2016, 41(1): 1-63.

[151] Mihalache F, Tantau M, Diaconu B, et al. Survival and quality of life of cholangiocarcinoma patients: a prospective study over a 4 year period[J]. Journal of Gastrointestinal & Liver Diseases, 2010, 19(3).

[152] Nawaz M S, Hood J. Managing international business risk-political, cultural and ethical dimensions: a case study approach[J]. Journal of Insurance Research and Practice, 2005, 20(1): 16-24.

[153] Nebus J, Rufin C. Extending the bargaining power model: Explaining bargaining outcomes among nations, MNEs, and NGOs[J]. Journal of International Business Studies, 2010, 41(6): 996-1015.

[154] Nigh D. The effect of political events on United States direct foreign investment: A pooled time-series cross-sectional analysis[J]. Journal of International Business Studies, 1985, 16(1): 1-17.

[155] Oetzel J M, Bettis R A, Zenner M. Country risk measures: How risky are they [J]. Journal of World Business, 2001, 36(2): 128-145.

[156] Oetzel J. Smaller may be beautiful but is it more risky? Assessing and managing political and economic risk in Costa Rica[J]. International Business Review, 2005, 14(6): 765-790.

[157] Odediran S J, Windapo A O. Mitigating risks in African construction markets through the interactive behavior of resources and capabilities in multinational construction companies and entry decisions [J]. Journal of Management in Engineering, 2016, 33(2).

[158] Oetzel, Jennifer, Chang Hoon Oh. "Managing nonmarket risk." The Routledge Companion to Nonmarket Strategy [M]. New York, NY: Routledge, 2015: 263-278.

[159] Oliver, Christine. Strategic responses to institutional processes[J]. Academy of Management Review, 1991, 16(1): 145-179.

[160] Oliver C, Holzinger I. The effectiveness of strategic political management: A

dynamic capabilities framework[J]. Academy of Management Review, 2008, 33(2): 496-520.

[161] Peng M W. Global strategy[M]. Cengage Learning, 2013.

[162] Puck J. F., Rogers H., Mohr A. T. Flying under the radar: Foreign firm visibility and the efficacy of political strategies in emerging economies[J]. International Business Review, 2013, 22(6): 1021-1033.

[163] Quer, Diego, Enrique Claver, and Laura Rienda. Political risk, cultural distance, and outward foreign direct investment: Empirical evidence from large Chinese firms [J]. Asia Pacific Journal of Management. 2012, 29 (4): 1089-1104.

[164] Qian W, Burritt R L. Contingency perspectives on environmental accounting: an exploratory study of local government [J]. Accounting, Accountability & Performance, 2009, 15(2): 39.

[165] Ramamurti R. A multilevel model of privatization in emerging economies[J]. Academy of Management Review, 2000, 25(3): 525-550.

[166] Reay T, Hinings C R. Managing the rivalry of competing institutional logics[J]. Organization Studies, 2009, 30(6): 629-652.

[167] Robock S H. Political risk-identification and assessment[J]. Columbia Journal of World Business, 1971, 6(4): 6-20.

[168] Salomon R., Wu Z. Institutional Distance and Local Isomorphism Strategy[J]. Journal of International Business Studies, 2012, 43(4): 343-367.

[169] Sachs J. The end of poverty: economic possibilities for our time[J]. European Journal of Dental Education, 2008, 12: 17-21.

[170] Savage G T, Nix T W, Whitehead C J, et al. Strategies for assessing and managing organizational stakeholders[J]. Academy of Management Perspectives, 1991, 5(2): 61-75.

[171] Scott W R. Institutional theory: Contributing to a theoretical research program [J]. Great minds in management: The process of theory development, 2005: 460-485.

[172] Schmidt D A. Analyzing political risk[J]. Business Horizons, 1986, 29(4): 43-50.

[173] Stevens C. E., Newenham-Kahindi A. Legitimacy spillovers and political risk: The case of FDI in the East African community[J]. Global Strategy Journal, 2017, 7(1): 10-35.

[174] Stevens C E, Xie E, Peng M W. Toward a legitimacy-based view of political risk: The case of Google and Yahoo in China[J]. Strategic Management Journal, 2016, 37(5): 945-963.

[175] Shapiro D, Globerman S. Foreign investment policies and capital flows in Canada: a sectoral analysis[J]. Journal of Business Research, 2003, 56(10): 779-790.

[176] Shapiro A C. Managing political risk-a policy approach[J]. Columbia Journal of World Business, 1981, 16(3): 63-70.

[177] Smith Jr D C. Some things that may be more important to understand about organized crime than Cosa Nostra[J]. U. Fla. L. Rev., 1971, 24: 1.

[178] Siegel D S, Vitaliano D F. An empirical analysis of the strategic use of corporate social responsibility[J]. Journal of Economics & Management Strategy, 2007, 16(3): 773-792.

[179] Sissani M, Belkacem Z. The Effect of Political Risk on Foreign Direct Investment: The Case of Algeria[J]. Hyperion Economic Journal, 2014, 2(3): 29-35.

[180] Suchman M C. Managing legitimacy: Strategic and institutional approaches[J]. Academy of Management Review, 1995, 20(3): 571-610.

[181] Singh J V, Tucker D J, House R J. Organizational legitimacy and the liability of newness[J]. Administrative Science Quarterly, 1986, 31(2): 171-193.

[182] Scott W R. Institutions and organizations[M]. Sage Pubns, 2008.

[183] Scott W. R. Approaching Adulthood: The Maturing of Institutional Theory[J]. Theory and Society, 2008, 37(5): 427-442.

[184] Slangen A H L, Van Tulder R J M. Cultural distance, political risk, or

governance quality? Towards a more accurate conceptualization and measurement of external uncertainty in foreign entry mode research[J]. International Business Review, 2009, 18(3): 276-291.

[185] Simon, Jeffrey D. Political risk assessment-past trends and future-prospects[J]. Columbia Journal of World Business, 1982, 17(3): 62-71.

[186] Tan-Mullins M., Mohan G., Power M. Redefining "Aid" in the China-Africa Context[J]. Development and Change, 2010, 41(5): 857-881.

[187] Tang-Lee D. Corporate social responsibility (CSR) and public engagement for a Chinese state-backed mining project in Myanmar-Challenges and prospects[J]. Resources Policy, 2016, 47: 28-37.

[188] Tan J, Wang L. MNC strategic responses to ethical pressure: An institutional logic perspective[J]. Journal of Business Ethics, 2011, 98(3): 373-390.

[189] Tornikoski E T, Newbert S L. Exploring the determinants of organizational emergence: A legitimacy perspective[J]. Journal of Business Venturing, 2007, 22(2): 311-335.

[190] Tost, L. P. an integrative model of legitimacy judgments [J]. Academy of Management Review, 2011, 36(4): 686-710.

[191] Thornton P H, Ocasio W, Lounsbury M. The institutional logics perspective: A new approach to culture, structure, and process[M]. Oxford University Press on Demand, 2012.

[192] Thevendran V, Mawdesley M J. Perception of human risk factors in construction projects: an exploratory study[J]. International Journal of Project Management, 2004, 22(2): 131-137.

[193] Tobin, Jennifer L., and Susan Rose-Ackerman. When BITs have some bite: The political-economic environment for bilateral investment treaties[J]. The Review of International Organizations, 2011, 6(1): 1-32.

[194] Van Tulder R, Kolk A. Multinationality and corporate ethics: Codes of conduct in the sporting goods industry[J]. Journal of International Business Studies, 2001, 32(2): 267-283.

[195] Vachani S. Enhancing the obsolescing bargain theory: A longitudinal study of foreign ownership of US and European multinationals[J]. Journal of International Business Studies, 1995, 26(1): 159-180.

[196] Wells L T. Multinationals and the developing countries [J]. Journal of International Business Studies, 1998, 29(1): 101-114.

[197] Wheeler D, Mody A. International investment location decisions: The case of US firms[J]. Journal of International Economics, 1992, 33(1-2): 57-76.

[198] Wheeler D, Sillanpa M. Including the stakeholders: The business case[J]. Long Range Planning, 1998, 31(2): 201-210.

[199] Woodward D P, Rolfe R J. The location of export-oriented foreign direct investment in the Caribbean Basin[J]. Journal of International Business Studies, 1993, 24(1): 121-144.

[200] Wöcke, Albert, and Terence Moodley. Corporate political strategy and liability of foreignness: Similarities and differences between local and foreign firms in the South African Health Sector[J]. International Business Review. 2015, 24(4): 700-709.

[201] Yan A, Gray B. Antecedents and effects of parent control in international joint ventures[J]. Journal of Management Studies, 2001, 38(3): 393-416.

[202] Yin K., Wang R., An Q., et al. Using Eco-efficiency as an Indicator for Sustainable Urban Development: A Case Study of Chinese Provincial Capital Cities[J]. Ecological Indicators, 2014, 36: 665-671.

[203] Yin R. K. Case study research design and methods third edition[J]. Applied Social Research Methods Series, 2003, 5.

[204] Yongqiang G. Dealing with non-market stakeholders in the international market: Case studies of US-based multinational enterprises in China [J]. Singapore Management Review, 2007, 29(2): 75.

[205] Yeung H. W., Liu W. Globalizing China: The rise of mainland firms in the global economy[J]. Eurasian Geography and Economics, 2008, 49(1): 57-86.

[206] Zadek S. The path to corporate responsibility[J]. Harvard Business Review,

2004, 82(12): 125-133.

[207] Zarkada-Fraser A, Fraser C. Risk perception by UK firms towards the Russian market[J]. International Journal of Project Management, 2002, 20(2): 99-105.

[208] Zimmerman M A, Zeitz G J. Beyond survival: Achieving new venture growth by building legitimacy [J]. Academy of Management Review, 2002, 27(3): 414-431.